自閉症児の
コミュニケーション形成と
授業づくり・学級づくり

新井英靖・高橋浩平・小川英彦・広瀬信雄・湯浅恭正・吉田茂孝 編

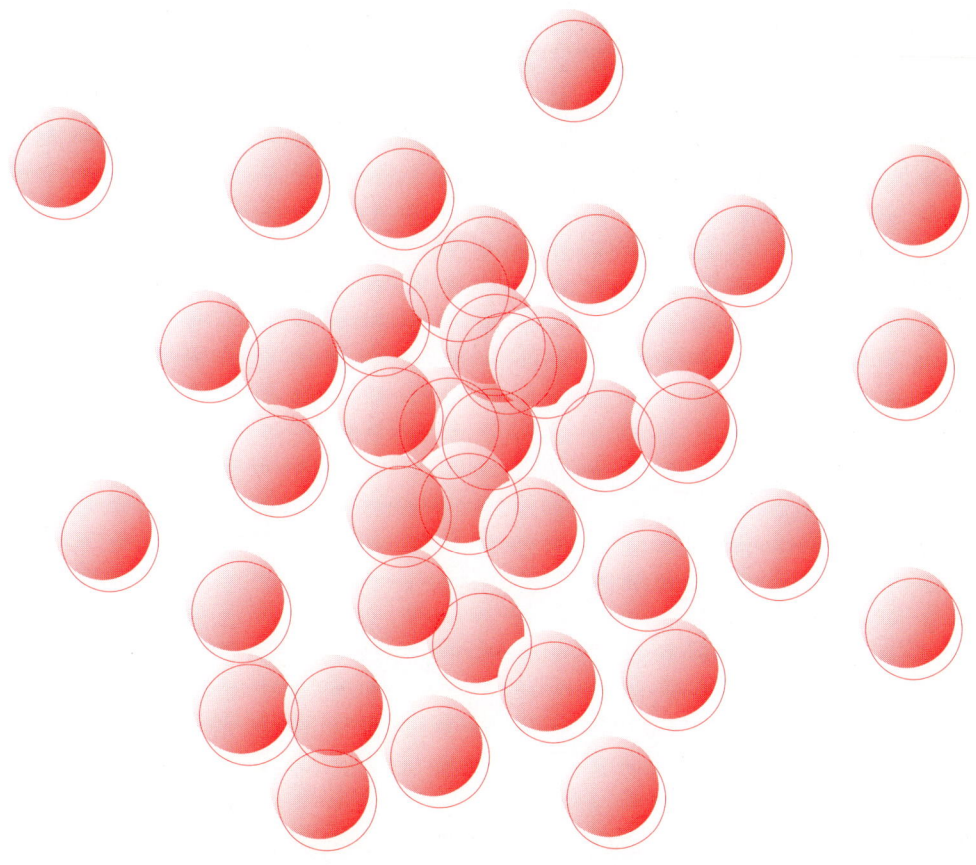

黎明書房

はじめに

　平成21年3月に出された新しい学習指導要領では，特別支援学校の「自立活動」の改訂が行われた。そこでは，これまでの5つの指導の柱に，「人間関係の形成」が加えられた。この改訂は障害の重度化・重複化や知的障害を伴わない発達障害を含む多様な障害の子どもへの指導を充実するために設けられたものである。

　具体的な内容としては，人に対する基本的信頼感をもつことや，他者からの働きかけを受け止め，それに応ずることなど，人間関係の基盤を形成することとなっている（学習指導要領解説「自立活動編」参照）。

　こうした流れの中で，近年，知的障害特別支援学校において，自閉症等でコミュニケーションや社会性に困難を抱える子どもに対して，人間関係の形成やコミュニケーション力を高めるために自立活動を時間割に位置づけ授業を展開する学校が増えてきている。

　筆者はこうした流れになってきていること自体は好ましいものであると考えている。それは，今回の学習指導要領の改訂やそれに伴う教育課程や授業の改善は，近年の状況の変化に対応しようとしていることの現れととらえることができるからである。しかし，自立活動を提供する学校の文化（指導構造）や教師の専門性（あるいは資質）を問うことなく，新しい実践を導入していることがないかという点で実践上の課題が残されているのではないかと考えている。

　たとえば，人とコミュニケーションをとることが苦手な自閉症児に「人に対する基本的信頼感をもつ」ことができるようにすることをねらった授業を展開する中で，できる課題を与えて「たくさんほめる」というような自立活動の授業を展開したとする。この教師は，さまざまな書籍の中で，「人から認められた経験が信頼関係の基本である」と書かれているので，このような授業を展開しようとしたとしよう。

　こうした授業の設計・展開は理論的には正しいが，しかし，このように単に「ほめる」活動を続けるだけで果たして自閉症児との関係は深まるのだろうか。もしも自閉症児が，自分に与えられる「できる課題」を「つまらない」と感じていたとしたらどうなるだろうか。あるいは「できる課題」をさせられて，教師からほめられても，それほど「うれしい」とは思わないかもしれない。

　こうした自閉症児の感じ方を考慮することなく，「子どもはほめれば人との関係が深まる」と短絡的に考え，実践するのでは真の意味で人間関係形成力の育成にはつながらないのではないかと考える。

　以上のように，自閉症児の人間関係の形成やコミュニケーション能力の育成を語るときに

は，子どもにどのような指導や支援を提供するかという指導課題に関することばかりでなく，学校や教師自体がどのように子どもと関わるかという点について問い直すことが必要となるのではないだろうか。

　本書はこうした問題意識のもと，自閉症児の人間関係づくりや社会性，あるいはコミュニケーション能力の指導方法について，学級づくりと授業づくりの視点から考え，実践方法を提案するものである。特に，授業や学級の中で教師と子どもが豊かなやりとりを通じて，自閉症児が人との関係性や社会性，あるいはコミュニケーション能力を伸ばしていくにはどのような教育実践を展開することが必要であるかについてまとめたものである。

　近年，自閉症児の障害特性については，学校現場でも広く知られるようになってきた。しかし，障害特性を「知る」というだけでは，機械的な教育実践に陥る危険性もあるのではないかと考える。そうではなく，自閉症教育を人と人との心が通う温かみのある実践へと発展させていくためには日々の授業づくり・学級づくりを常にリニューアルしていくことが大切である。本書がそうした授業づくりと学級づくりの理論と実践方法の参考になればと考えている。

　本書は黎明書房より出されている『特別支援教育キャリアアップシリーズ（全3巻）』を引き継ぎ，自閉症児に対する教育に焦点をあてて編集された実践書である。また，本書は主として義務教育段階の児童生徒の教育実践に焦点を当てて編集されているが，本書の姉妹本である『気になる幼児の保育と遊び・生活づくり』『発達障害児のキャリア形成と授業づくり・学級づくり』とともに読んでいただければライフステージに応じた教育方法についても理解できるものとなっている。

　内容は理論編・実践編・トピックスの3部から構成されているが，執筆者は共通した考えをもって各章を執筆しているので，読者の関心の高い章から読んでいただければ最終的には全体像が理解できると考える。いずれの章も比較的平易な文章で書くことを心がけたので，初めて特別支援教育に携わる教師にも十分に理解でき，すぐに実践できる内容となっている。本書が，自閉症児と日々過ごしている先生方の実践力アップに貢献できれば幸いである。

編者を代表して
新井英靖

目　次

はじめに　1

・・・・・・・・・・・・・・・・・ 理　論　編 ・・・・・・・・・・・・・・・・・

第1章　新学習指導要領と自閉症児の授業づくり・学級づくり　6

　1　「自閉症児の授業」をリフォームする　6
　2　新学習指導要領に見る自閉症児教育への配慮　8
　3　他児との関わりという視点から見た自閉症児の教育課題　11
　4　人間関係は授業でつくられる　13
　5　自閉症児教育における「学校らしい」学習環境の大切さ　14

第2章　コミュニケーションの基盤づくりの重要性　17

　1　コミュニケーションの基盤にあるもの　17
　2　コミュニケーションとは適切な「応答関係」の形成　19
　3　社会的・情緒的発達とコミュニケーション支援　21
　4　メンタルヘルスを高めるコミュニケーション支援を　23

第3章　通常学級で学ぶ自閉症児への支援方法　25

　1　通常学級で学ぶ自閉症児に関する課題　25
　2　コミュニケーションの苦手な自閉症児をつなぐ支援方法の視点　27
　3　学級づくりと授業づくりの相互作用　28
　4　指導的評価活動と自己肯定感との関係―自己肯定感を問い直す―　31

コラム①　「遊び心」に寄り添う　34

・・・・・・・・・・・・・・・・・ 実　践　編 ・・・・・・・・・・・・・・・・・

第4章　国語・算数の授業を通して認識力を高める　36

　1　はじめに　36
　2　国語の授業　37
　3　算数の授業　43

         4　おわりに　47

第5章　音楽・図工の授業を通して表現力を引き出す　49
         1　音楽の授業　49
         2　図工の授業　54

第6章　生活単元学習を通して人との関わりをふやす　61
         1　はじめに　61
         2　「ものづくり」の学習をつくる　61
         3　「ものづくり」の学習を深める　64
         4　「ものづくり」の学習で人との関わりをふやす　69

第7章　自立活動を通してコミュニケーション力を高める　71
         1　コミュニケーション力とは　71
         2　自立活動の指導の考え方と方法　75
         3　指導の実際　77

コラム②　夢を大事にする　84

トピックス

第8章　自閉症児の授業づくりと授業研究　86
         1　授業を（で）何とかしたい―自閉症児の困り感―　86
         2　授業をデザインしよう　87
         3　さあ，指導案の実現！　90
         4　生活単元の研究授業　91
         5　終わりに―「守・破・離」―　95

第9章　こだわり・パニックへの対応方法　97
         1　こだわりへの対応方法　97
         2　パニックへの対応方法　102
         3　まとめ　105

おわりに　106

理論編

新学習指導要領と
自閉症児の授業づくり・学級づくり

1 「自閉症児の授業」をリフォームする

　学校教育の場で行われている「自閉症児の授業」を授業づくりという視点からリフォームすることが本章の課題である。知的障害養護学校・特別支援学校の子どもたちの多くが自閉症圏内の子どもたちで占められるようになって久しい。一方、特別支援教育の枠組みでは、いろいろな「自閉症」が広義としての「自閉症」に含められ、概念が拡大し、包括的な総称として用いられる傾向が強まった。その結果、過去30～40年間、教育現場で蓄積されてきた自閉症児教育の実践、授業論、指導方法や原理があいまいとなり、教師たちは自閉症児の授業のやり方を忘れてしまったり、「ノウハウ」が引き継がれなくなってしまった。つまり、学校の教師たちも「自閉症児」と聞くと、心理臨床的な個別指導プログラムのことしか考えなくなってしまったのである。
　一体、特別支援教育の下で自閉症児たちはどのような授業を受け、どのように育っていくべきなのだろうか。また、個別指導中心の授業をどうリフォームしたらよいのだろうか。

(1) 自閉症児を巻き込む授業づくり

　ここでは次の2点をあげ自閉症児の授業づくりの視点を示したい。
　わが国の現行教育制度下では、特別支援学校、特別支援学級、通級指導教室、通常学級が授業の場となる。これらの場所で行われる授業は、成員に占める自閉症児の割合が高いとしても、いずれの学習集団にも、自閉症以外の他の障害のある子どもたちも含まれているのが自然である。すなわち、自閉症児の授業づくり・学級づくりは、他の障害のある子どもたちとの混成グループとして進められるのが大前提である。
　次に、自閉症児の授業をつくる際に依拠すべき教育方法論は、伝統的な学校教育で中心的位置を占めてきた「一斉授業」では説明しきれないし、心理臨床的な考え方や行動分析的な考え方に立つ個別のスキルトレーニングを教室で実施することでも説明しきれない。すなわち、昭和50年代から約20年程の間で全国の（知的障害）養護学校の実践で教師たちが身につけてきた、自閉症の子どもたちへの教育経験を軽視すべきではない。「治療法」がないと言われていた時期、教師たちはこの子どもたちを理解しようと努め、行動から気持ちを読み取り、また子どもたちの得意な面を生かそうとした。行動修正を直接求めたり、不適切行為を

除去しようとする考え方を乗り越え，学校教育は行われてきた。自閉症を治そうとするアプローチでも，「正常児に近づける」アプローチでもなく，自閉症児を育てることを目指し，学校場面で提供されるさまざまな活動を，教師と他の障害のある子どもたちと自閉症児とが分かち合うことを尊重してきたのである。

　自閉症児の授業づくりを考える視点は，以下の諸点である。

① 他の障害を含む，さまざまな子どもたちの混成グループを学習や生活の基本に考えること。

② 自閉症児だけを集めて，等質集団を組む発想や，心理治療的個別トレーニングから脱却して授業づくりを考えること。

③ 「正常児」に近づける，あるいは自閉症を治そうとする発想から解放され，子どもとして豊かに体験すべきふつうの活動を，他の子どもたち，教師たちと分かち合って育つこと。

④ 授業をするとは，一定のプログラムや遂行課題を子どもたちに実行させることではなく，教師と子どもたちで徐々に内実をつくりあげ，積み重ねていくこと。

⑤ 多様な子どもたちの混成した少人数グループから出発して，多様な人々が生活している社会への参加を目指すこと。

⑥ 教師側のマネージメントとしての効率的な授業 PDCA（計画〔Plan〕→実行〔Do〕→評価〔Check〕→改善〔Action〕）ばかりで処理するのでなく，一人の子どもの実情を深く理解することから出発すること。

(2) 自閉症児を含む学級づくりは，匠の腕の見せどころ

　教師の経験があれば誰でもわかるように，学級は「自然に，時間の経過とともにできあがるもの」ではない。手間をかけ，為すべきことを尽くして，教師が手づくりしていくものである。自閉症児を含む学級づくりは，その典型である。言わば，自閉症児を含む学級づくりは，さまざまな出来事を学級のすべての子どもたちが共有することによって，できあがっているとも言える。それは，特別支援学級でも，特別支援学校でも，通級指導教室（子どもが複数いれば）でも，そして小・中学校の通常学級でも同じである。

　ここでも，自閉症児だけを集めて学級をつくるという発想は，避けられるべきだろう。学級は社会の縮図であり，自分を知り，他人を知る場である。同一の障害名の子どもたちばかりで構成しようとする考えは，学校教育ではなじまない。

　このように，人間関係の形成という視点を考えるならば，自閉症児の学級づくりは，この子どもたちの教育そのものとさえ言える。

　学校教育で自閉症児が育つとするならば，以上で述べたような視点から教育が行われることが必要であり，そのことをわが国は，これまでの養護学校や特殊学級時代の実践の中で経

験している。

　「自閉症児のための……」は，自閉症児だけで構成された学習グループをつくることを意味しないことを再度，強調したい。いろいろな子どもたちが一緒に学びを分かち合うことを通して，はじめて社会性が育つ。社会的なスキルを実行することが学びではなく，苦手とされる，人との関わりを少人数集団の授業で体験し，習熟していくことが自閉症児の学びの過程となる。

2　新学習指導要領に見る自閉症児教育への配慮

　特別支援教育が平成19年より始まり，今回の学習指導要領の改訂には，その特色を見ることができる。小学校・中学校学習指導要領は平成20年に改訂され，特別支援教育に学校全体で取り組む支援体制づくり，一人ひとりの実態に応じた指導，交流及び共同学習に力が入れられることになった。その翌年，特別支援学校学習指導要領が改訂された。障害の重度・重複化，多様化への対応や一人ひとりに応じた指導の充実，自立と社会参加に向けた職業教育の充実，交流及び共同学習の推進が図られる。特別支援学校の教育は，小・中学校の教育に準ずるものであり，また今回の改訂により，小・中学校の特別支援学級及び通級による指導では，特別支援学校の小学部・中学部学習指導要領の内容を参考にして教育課程を編成できることが明確になった。小学校・中学校の学習指導要領と，特別支援学校の学習指導要領は，相互に関連があることを確認しておきたい。

　特別支援学校の学習指導要領の改訂で，もっとも大きな変更点の1つは自閉症の児童生徒を想定したと言われる「自立活動」の改訂である。これまでの5区分22項目から，6区分26項目に改訂されている。自閉症児を想定したと考えられる区分「**人間関係の形成**」が新しく加わることとなり，「他者とのかかわりの基礎に関すること」「他者の意図や感情の理解に関すること」「自己の理解と行動の調整に関すること」「集団への参加の基礎に関すること」が新たに追加された。また「**環境の把握**」では「感覚や認知の特性への対応に関すること」が新たに付け加えられた。特別支援学校学習指導要領には「自閉症」と明示はされていないが，その解説（自立活動編）には，自立活動と自閉症に関わりを見ることができる。

(1)　特別支援学校学習指導要領解説（自立活動編）に見る自閉症観

　学習指導要領解説（自立活動編）にある，自閉症児の特徴と配慮及び指導に関する箇所を抜粋してみよう。（自閉症の特徴に関する箇所を「下線」で記した。なお強調体は筆者による。）

　「**自閉症**のある幼児児童生徒は，特定の食物や衣服に強いこだわりを示す場合がある。そのた

め，極端な偏食になったり，季節の変化にかかわらず同じ衣服を着続けたりすることがある。」（p.36）

「**自閉症**のある幼児児童生徒は，予告なしに行われる避難訓練や，急な予定の変更などに対応することができず，混乱したり，不安になったりして，どのように行動したらよいか分からなくなることがある。このような場合には，予想される事態や状況を予告したり，事前に体験できる機会を設定したりすることなどが必要である。」（p.44）

「他者とかかわりをもとうとするが，その方法が十分に身に付いていない**自閉症**のある幼児児童生徒の場合には，まず，直接的に指導を担当する教師を決めるなどして，教師との安定した関係を形成することが大切である。そして，やりとりの方法を大きく変えずに繰り返し指導するなどして，そのやりとりの方法が定着するようにし，相互にかかわり合う素地を作ることが重要である。その後，やりとりの方法を少しずつ増やしていくが，その際，言葉だけでなく，具体物や視覚的な情報を加えて分かりやすくすることも大切である。」（p.48）

「**自閉症**のある幼児児童生徒は，言葉や表情，身振りなどを総合的に判断して相手の心の状態を読み取り，それに応じて行動することが困難な場合がある。また，言葉を字義通りに受け止めてしまうため，行動や表情に表れている相手の真意を読み取れないこともある。そこで，生活の様々な場面を想定し，そこでの相手の言葉や表情などから，立場や考えを推測するような指導を通して，相手とかかわる際の具体的な方法を身につけることが大切である。」（p.49）

「**自閉症**のある幼児児童生徒は，「他者が自分をどう見ているか」，「どうしてそのような見方をするのか」ということの理解が十分でないことから，「自分がどのような人間であるのか」といった自己の理解が困難な場合がある。そのため，友達の行動に対して適切に応じることができないことがある。このような場合には，体験的な活動を通して自分の得意なことや不得意なことの理解を促したり，他者の意図や感情を考え，それへの対応方法を身に付けたりする指導を関連付けて行うことが必要である。また，**自閉症**のある幼児児童生徒は，特定の光や音などにより混乱し，行動の調整が難しくなることがある。そのような光や音に対して少しずつ慣れたり，それらの刺激を避けたりすることができるように，感覚や認知の特性への対応に関する内容も関連付けて具体的な指導内容を設定することが求められる。」（p.51）

「**自閉症**のある幼児児童生徒は，聴覚の過敏さのため特定の音に，また，触覚の過敏さのため身体接触や衣服の材質に強く不快感を抱くことが見られる。それらの刺激が強すぎたり，突然であったりすると，混乱状態に陥ることがある。そこで，不快である音や感触などを自ら避けたり，幼児児童生徒の状態に応じて，それらに少しずつ慣れていったりするように指導することが大切である。なお，ある幼児児童生徒にとって不快な刺激も，別の幼児児童生徒にとっては快刺激の場合もある。したがって，個々の幼児児童生徒にとって，快刺激は何か，不快刺激は何かをきめ細かく観察して把握しておく必要がある。」（p.55）

「**自閉症**のある幼児児童生徒には，手足を協調させて動かすことや微細な運動をすることに困難が見られることがある。そのため，目的に即して意図的に身体を動かすことを指導したり，手足の簡単な動きから始めて，段階的に高度な動きを指導したりすることなどが必要である。また，手指の巧緻性を高めるためには，幼児児童生徒が興味・関心をもっていることを生かしながら，道具等を使って手指を動かす体験を積み重ねることが大切である。」(p.68)

「**自閉症**のある幼児児童生徒は，自分のやり方にこだわりがあったり，手足を強調させてスムーズに動かしたりすることが難しい場合がある。また，他者の意図を適切に理解することが困難であったり，一つの情報のみに注意を集中してしまったりすることから，教師が示す手本を自ら模倣しようとする気持ちがもてないことがある。その結果，作業に必要な巧緻性などが十分育っていないことがある。このような場合には，一つの作業についていろいろな方法を経験させるなどして，作業のやり方へのこだわりを和らげたり，幼児児童生徒と指導者との良好な人間関係を形成し，幼児児童生徒が主体的に指導者の示す手法を模倣しようとする気持ちを育てたりすることが大切である。」(p.68)

「**自閉症**のある幼児児童生徒の場合，持ち主の了解を得ないで，物を使ったり，相手が使っている物を無理に手に入れようとしたりすることがある。また，他の人の手を取って，その人に自分が欲しい物を取ってもらおうとすることもある。このような状態に対しては，周囲の者がそれらの行動は意思や要求を伝達しようとした行為であると理解するとともに，できるだけ望ましい方法で意思や要求などが伝わる経験を積み重ねるよう指導することが大切である。」(p.69)

「**自閉症**のある幼児児童生徒の中には，他者の意図を理解したり，自分の考えを相手に正しく伝えたりすることが難しい場合があることから，話す人の方向を見たり，話を聞く態度を形成したりするなど，他の人とのかかわりやコミュニケーションの基礎に関する指導を行うことが大切である。その上で，正確に他者とやりとりするために，絵や写真などの視覚的な手掛かりを活用しながら相手の話を聞くことや，絵や記号を示したボタンを押すと音声が出る機器などを活用して自分の話したいことを相手に伝えることなど，様々なコミュニケーション手段を用いることも有効である。」(p.71)

(2) 特別支援学校学習指導要領解説（自立活動編）に見る自閉症観と授業づくり

以上，引用した項からわかるように，自閉症のある幼児児童生徒に関する記述は，「自立活動の解説」に集中している。すなわち自閉症の子どもは自立活動としての教育支援が重視されていることになる。

再び記述から文言を引用するならば，「特定の食物や衣服に強いこだわり」「極端な偏食になったり，季節の変化にかかわらず同じ衣服……」「予告なしに行われる避難訓練や，急な予

定の変更に対応することができず……」「まず，直接的に指導を担当する教師を決めるなどして……」等，先に引用した箇所には自閉症の幼児児童生徒の行動特徴についての記述とそれに対応する方法が示されている。

しかし，①自立活動の時間での対応ではなく，教育課程全般としての支援，②さらに長期的なスパンにおいて，どのような育ちを期待するのか，③自立活動は授業論としてのイメージがもちにくい，等の点を指摘できる。

自閉症の幼児児童生徒の行動特徴に，後から追随していく教育ではなく，少しだけそれに先回りする教育の創造は，教師の側に残されたままである。学校卒業後も，彼らは彼らのために工夫された教材，配慮の中でしか生きていけないのだろうか。

3 他児との関わりという視点から見た自閉症児の教育課題

ここでは自閉症の特性に配慮した授業づくりについて考えてみよう。前述したように学習指導要領の改訂により，自立活動の中で，自閉症を含めた発達障害児への配慮が強調されている。しかし「自閉症」に触れられてはいるが，それは〈自立活動〉領域中で，社会性を身につけるというようなあいまいで，不十分さが残る記述となっている。すなわち，それは個別課題訓練への依存（スキルトレーニングの暗示），また教育課程全体，授業プロセス全体での自閉症児の巻き込みや，参加を促す方法については触れられていない。このことは結局，自閉症児の特性に配慮するということが，さらに自閉症らしさを助長することにつながりかねない。彼らにおける慣れ，経験の豊富化，得意面の活用という観点が希薄であるとも言える。つまり，LDやADHDといった発達障害と言われる子どもたちや自閉症の子どもを治療モデルに当てはめようとする（治療して治そうとする考え）だけでは，1人の人間的発達・成長に応える教育にはならない。

以下では狭小な治療感覚のみで自閉症児を扱わないことを前提とする。その上で他児との関わりという視点で自閉症児を巻き込んだ授業づくりについて述べていこう。

(1) 他者との関わりを生み出す学級づくり

自閉症児には，他者とのコミュニケーションに困難さがある。そのような自閉症児の苦手とする部分は，教育課題とも言える。こうした自閉症児の学級づくりを考えるときに，そこにはさまざまな特性の子どもたちがいることで，さまざまな出会い，社会性を身につけていくことが期待される。

たとえば，特別支援学校や，小・中学校の特別支援学級の場合に，そこには自閉症の子だけではなく，知的な遅れのある子や肢体不自由の子が在籍していることもあるだろう。そうした友だちや，教師と関わり合う中で，コミュニケーションは広がりを見せる。自閉症児は，

他者とのコミュニケーションに困難を示すと言われるが，その学級の中には他者に興味のある他の子もいる。「次の授業は外だから，一緒に行こう」とある子が手を差し出す。その手に応じて，手を差し出す。「行こう」に応じて，動くこともコミュニケーションの1つである。また，応じて手を差し出すというのも，相手を受け入れるという柔軟性のあらわれだと言える。

また，そうした学級のうずの中に巻き込んでいくことを，仕組むのは教師の役割である。学級の中に巻き込んでいくことが，コミュニケーションの支援になり，他児との関わりのきっかけになる。関わりながら伸びていくことがある。もてる力を伸ばす，違う世界を知る，こだわりを取り去るのではなく，よりたくさんのものに目を向けて，できるようにさせていくことが自閉症児には必要だろう。

特別支援学校の中学部にひとし君という自閉症の生徒がいる。彼は大人とは手をつなげるが，学級の他の友だちとは手をつなごうとしない。感覚の敏感さのためか，それとも予期できない動きをする友だちに抵抗を感じるのか，強く嫌がる様子がいつも見られた。校外学習に出掛ける際に，2人1組でペアをつくり，手をつないで行動するという機会があった。そのときもひとし君は先生と手をつないでいたのであったが，それを見た関わりの好きなある生徒がひとし君の方へ近づいて手を差し出す様子が見られた。ひとし君は結局，そのときは手をつなげなかったが，その後もその生徒はひとし君へ接近し，後日には「おんぶ」と言ってひとし君に背を向け，彼をおぶっている姿を見た。「ああ，いいねえ！ おんぶしてもらって」と声をかけるとひとし君もよい表情をしていたのである。

(2) 大人へ見せる顔と子ども同士の顔

大人に見せる表情と，子ども同士で見せる表情とは違っている。教師に見せる顔は「ぼくはできないから，先生手伝って」という顔をする。でも，子ども同士であると少し背伸びをしてやってみたりする。小学校の情緒学級に在籍する自閉傾向のあるたけし君は，運動が苦手である。外が暑いと体育の時間に「ぼく熱があるから見てる」と教師に言ってくる。でもそこへ，明るく元気のいい，さやかちゃんが「ほら，たけし君行くよ！」と笑顔で近づいてくると，たけし君もいやとは言えず，さやかちゃんに手を引かれてついていく。しばらくは，気のりしない様子だが，しばらく見ていると汗をかいて走っていたりする。「ねえ先生，ぼくねすごい速く走ったよ」と嬉しそうに報告してくる。その表情の違いに驚かされる。教師という大人との関わりと，子ども同士の関わり。子ども同士の関わりには，「えいっ」と子どもを背伸びさせる力がある。

(3) 他児との関わりが生まれる活動を用意する

いろいろな授業場面で自閉症児と他児との関わりが生まれるためには，先生を含めた少人

数での活動が必要である。まさにそれが授業であろう。しかし実際には，最初から友だち同士の関わりが十分に行われる授業は，そう簡単にはできない。活動の全体像が見えてきて，自分の役割や，次の動作や行為に見通しがもてていると，そのチャンスがやってくる。はじめは，個々がそれぞれバラバラな動きをしていても，やがて教師を介して2人，3人……の関わりができてくるところが，自閉症児のための授業づくりの大事なところである。一つひとつの技能を指示するのではなく回数を重ねて，グループ活動ができるようにしていくこと，それは他人を意識できるようになることでもある。

知らず知らずのうちに，すっと寄ってきたり，動きやしぐさを合わせたりすることがある。あきらめずに，自閉症児の参加できそうな活動を用意し，それに誘うこと，そしてタイミングをよく見ることが教師に求められる。

知識を与えたり，言わせたり，暗記させるだけの指導や特定のスキルのトレーニングだけからは，他児への関係は生まれてこないだろう。

4　人間関係は授業でつくられる

前節で述べたように人間関係は，自閉症と呼ばれる子どもたちにとって，最も不慣れな活動である。逆に言えば，社会参加を考えた場合，学校教育に最も期待されるところである。友だちとの関係を築けること，他人のことを気にすること，1人ではなく他人と一緒に学習活動ができるようになることは，大きな進歩であるに違いない。

家族以外の一番身近な人間として，先生や友だちの存在がある。日々の学級での生活は他人との関係を築く機会にあふれている。係や役割の存在，協力のチャンス，周囲から認められ，名前を呼ばれ，拍手してもらえる場面，ありがとうと言ってもらえる場面……これらを生かして自閉症児を巻き込んだ学級づくりが可能となる。

通常学級における自閉症児の教育については他章（第3章）に譲ることにし，ここでは，特別支援学校，特別支援学級を念頭において，以下の記述を進めたい。

(1) 先生が仲立ちする学びと喜び

子どもたちの少人数集団があれば，ひとりでに，あるいは自然に人間関係が育っていくのであろうか。そうではない。経験からよく知られているように，知らない子ども同士が知り合いになっていく過程で，大人の役割は大きく，必須である。

1人の子どもの学びを教師が仲立ちし，つくりあげることができたなら，別の子どもの学びを教師が仲立ちしてつくりあげることも可能である。こうしていけば，小集団の子どもたち一人ひとりの学びは成立する。しかし，授業として，これだけでは十分ではない。言わば個別指導の集まりにすぎない。

自閉症児の場合，一見，困難そうに思えることではあるが，他人の学びの過程を意識できないわけではない。むしろ，他人を非常に意識し，気にしている子どもたちである。これに気がつく教師であるならば，ある子どもの学びの過程を別な子どもも共有できることに気がつく。したがって，他人を意識しすぎる敏感な子どもたちであればあるほど，教師が仲立ちすることによって，両者の「安心できる，よい関係」を築くチャンスが生まれてくる。優れた教師は，初対面の子どもとでも仲良くなれる資質を備えている。「子どもたちから近寄ってくるのを待つ，子どもたちが自分に慣れてくるのを待つ」のではなく，その子どもの世界をイメージし，その中に一歩踏み込むことができる教師が望まれる。

　以上に述べたことは実際には，多くの抵抗に遭う場面が多い。測定された実態像からは自閉症児の心の世界は見えにくい。教師が一緒に活動してみることによってようやく，入口の扉が1枚見つかるのである。同様に少人数集団についての客観的データをいくら集めても，その小集団に教師が含まれることにはならない。自分が仲立ちして小さな人間関係を結ぼうとしたとき，はじめてその少人数集団の中に教師がいることになる。

(2) 友だちづくりから見た自閉症児のための学級

　では日々，教師はどのような資質を磨いていけば，自閉症児の人間関係づくりができるようになるのか。

　さまざまな教育理論，心理学的な技法は，子どもたちの日常生活の場においてこそ実現されるべきで，それら自体の実践的な意味は薄い。子どもたちの毎日をよく見つめること，その子どもの行動において，何が実現，発現しているのかを考えることが大切である。

　また，毎日のふりかえりは多くのヒントをもたらす。今日の出来事は明日のヒントとなる。子どもの瞬時，瞬時をふりかえることができること，自分の考えや見立てについて他の先生から意見をもらうこと，自分の行った授業を唯一無二のものとせず，別のやり方はなかったのか，もう1つ別の指導案はありえなかったのかとふりかえること。これらのことが自閉症児のための友だちづくりの土壌となる。

5　自閉症児教育における「学校らしい」学習環境の大切さ

　これまで述べてきたことを大まかに述べることによって本章のまとめとしたい。

　自閉症児の授業づくり・学級づくりにおいて，学校が必要で，重要であることは論を待たないし，これまでの自閉症児教育の実践の歴史からもそれは明らかである。

　最も重要な点は，学校らしい環境，どの子どもたちも体験するような，学校の雰囲気があることである。そこでは，日々の子どもたちの変化がつくりやすいし，学びが共有できるチャンスが多くある。教師にとっても，子どもたちにとっても本来，多くの活動や学習が用意さ

れている学校生活は楽しいものである。

　次に，自閉症児教育をけっして「自閉症」という障害のせいにしない教育にすることである。自閉症の特性に対応することばかりの教育は，活動を消極化させ，指示─遂行のパターンを形成してしまう。また自閉症を治療しようとする発想からは，授業づくり，学級づくりは遠く隔たりのあるものとなる。古くさく，時代遅れと批判されることを承知で言えば「学校らしさ」が保たれている場，言いかえれば，教室があり，子どもたち，先生がいて，日課があり，さまざまな活動が用意されている，ごくありふれた，オールドファッションの学校生活が準備されていることが大事である。

　繰り返して述べるが自閉症児教育は，「自閉症」の部分だけに当てられるトレーニングではない。自閉症であろうとなかろうと，子どもがもっている知的欲求を満足させるための，ふつうの学校教育が必要なのである。「今できるか，できないか」ではなく，先生と一緒ならできる，友だちと一緒ならできる，ヒント，手がかり，仲間があればできる，を大事にした教育こそ，自閉症児の教育において，普遍的に大事なものである。

　最後に本章で述べてきたことに立ちながら，実際に一歩を教師が踏み出す際，意識すべき点をあげておこう。

① 日々子どもたちの変化をつくり出していくことは，やはりおもしろい。
② けっして子どもの障害のせいにしない教育。
③ 教師は子どもの知的欲求を満足させていくもの。
④ 踏み込んで，向き合ってみる。
⑤ 今できるか，できないかが問題ではない。(「今」を認める。)
⑥ 「先生と一緒ならできる」，「友だちと一緒ならできる」，「ヒント，きっかけ，助け，手がかりがあればできる」を大切にする。まず，手伝ってみる。
⑦ 障害＝「できない」部分だけを見つめて直そうとすることをやめる。(全体に働きかけることと欠点を穴うめすることの違い。)
⑧ 「教師─主，子ども─従」の関係を徐々に逆にしていく。

【参考文献】

・高橋浩平他編著（2007）『特別支援教育キャリアアップシリーズ①　特別支援教育の子ども理解と授業づくり』黎明書房
・小川英彦他編著（2007）『特別支援教育キャリアアップシリーズ②　特別支援教育の授業を組み立てよう』黎明書房
・湯浅恭正他編著（2008）『特別支援教育キャリアアップシリーズ③　特別支援教育のカリキュラム開発力を養おう』黎明書房
・湯浅恭正・冨永光昭編著（2002）『障害児の教授学入門』コレール社
・湯浅恭正編著（2009）『特別支援教育を変える授業づくり・学級づくり2　子ども集団の変化と授

業づくり・学級づくり〔小学校中学年～高学年〕』明治図書
・文部科学省（2009）『特別支援学校幼稚部教育要領』『特別支援学校小学部・中学部学習指導要領』『特別支援学校高等部学習指導要領』
・文部科学省（2009）『特別支援学校学習指導要領解説　総則編（幼稚部・小学部・中学部）』
・文部科学省（2009）『特別支援学校学習指導要領解説　自立活動編』
・文部科学省（2008）『小学校学習指導要領』
・文部科学省（2008）『小学校学習指導要領解説　総則編』
・文部科学省（2008）『中学校学習指導要領』
・文部科学省（2008）『中学校学習指導要領解説　総則編』

コミュニケーションの基盤づくりの重要性

1 コミュニケーションの基盤にあるもの

(1) IQよりも大切なものがある

　「IQよりも大切なものがある」という言い方は，学校の先生なら，どこかで口にしたことがあるかもしれない。この言い方は，勉強のできない子どもに対する慰めのように聞こえるかもしれないが，ここでは，IQのような知的な機能を十分に発揮するために必要な能力があるというとらえ方をしたい。

　1990年代にゴールマンという人が，「EQ（emotional quotient）」という用語を用いて，IQを活用するためには情動的な側面（情動指数）に注目する必要があるということを指摘した。その後，こうした考えを教育界でも応用していく必要性が認識され，WHO（世界保健機構）などでは情緒の安定を図る取り組みをプログラム化するまでになっている。

　情動的側面を教育プログラムの一部に組み入れることは，自閉症児の人間関係の形成を考えていくときにはとても重要なものであると考える。自閉症の障害の原因はいまだ解明できていないところがあるが，認知機能に特有の障害があるばかりでなく，物事への「接近―回避」を判断する扁桃体にも障害があるのではないかという仮説も出されている。つまり，不安や困難を感じたときに，「どうすればよいか」を考える前に，「とりあえずその場から逃げだそう」という気持ちが働きやすい特性を自閉症児はもっているので，教育実践を展開する上で，この点に配慮しなければならないということである。

　もちろん，こうした自閉症児の特性に対応するためには，「環境の構造化」という方法が有効である場合が多い。教室空間をシンプルに，かつわかりやすくするというのは，自閉症児に限らず，特別支援教育を必要としている子どもの学級経営や授業展開においては基本的な対応である。しかし，それは「混乱するから何も置かないほうがよい」とか，「言葉よりも絵カードの方がわかりやすいから，言葉は極力使用しないほうがよい」という認知面からの理由ではなく，人と人がコミュニケーションをとる前提として，「この場所は安全」と感じられるようにするには「環境の構造化」が最善である場合が多いということだと考える。

(2) 安全・安心を感じる場の設定と雰囲気づくり

　心理的に不安定な人にカウンセリングをする際に，その人の正面に座るのではなく，少し斜めの位置に座るほうが不安は少なくなる，というような話はよく聞くことである。このように，人とのコミュニケーションをとるときには，どこに立ち，どのような姿勢で人と話をするかなど，目に見えないところで配慮が必要な場合がある。特に自閉症児は，自分の不安やストレスを相手に伝えることが苦手な人が多い。そのため，教師が教室空間や子どもとのやりとりの方法に普段以上に気を遣わなければ，学校や教室に恐怖感を覚えてしまうこともある。

　それでは，自閉症児が安全・安心を感じる学級づくりをするにはどのような点に配慮することが必要であるのだろうか。一般的には物理的側面と人的側面の2つの方向から，以下のように安全・安心を感じる学級づくりを心がけることが必要であろう（表2-1）。

表2-1　安全・安心を感じる学級づくりの視点

物理的側面	1．学習上のバリアを取り除く	●過度な課題を提示していないか？ ●光や音などの感覚過敏性に対応できているか？
	2．活動の流れを明確化する	●予定表が見えるところにあるか，予定が変更されたときに予告できているか？ ●始まりと終わりがわかりやすい活動になっているか？
人的側面	3．安心感を与える接し方をする	●相手に親しみをもってもらえる態度や姿勢で接しているか？ ●教師が不安定な気持ちで子どもと接していないか？
	4．わかりやすい言葉や身体表現を用いる	●要点を押さえた言葉かけになっているか？ ●よくできたときに指でマルをつくったり，拍手をするなど，身ぶりでよかったことをわかりやすく伝えることができているか？ ●（必要な子どもには）絵カードやマークを用いて，わかりやすく子どもに話しかけているか？

　このうち，物理的側面については自閉症支援の多くの書籍や雑誌などで紹介をされているものであるので，ここでは多くの紙面を割くことは控えたい。一方，人的側面については，人と人がコミュニケーションをとる際に重要な点を列挙したものであるが，実はこれを実践するには，教師に多少のトレーニングが必要である。それは，特別支援教育の対象児は，通常のコミュニケーションの方法では十分に応答できないことが多く，そこに「特別な支援」を必要とする理由があるケースも多いからである。

　そのため，以下にコミュニケーションの基盤を支える応答関係について解説した上で，その実践方法について論述していきたい。

2　コミュニケーションとは適切な「応答関係」の形成

(1)　愛情があれば子どもは育つのか

　「愛情があれば子どもは育つ」と昔の人はよく言ったが，今の教育現場の状況を見ると，「最近の子どもはドライだからこんな言い方は通用しない」という声も聞こえてくる。この議論を理論的に整理をすると，昔も決して愛情があったから子どもがついてきたというのではなく，昔の子どもと教師の応答の仕方が「時には体をぶつけ合ってお互いの気持ちを確かめ合う」ものであったのだと考える。すなわち，昔は社会における価値観がそれほど多様でない時代であったので，教師は子どもに真正面から正論をぶつけていけば，子どももそれなりに反応してくれたのだと考える。

　しかし，最近はそうしたやりとりでは，子どもや保護者との信頼関係はなかなか築けないのが現実である。価値観が多様化し，学校に求められる内容もさまざまであるこの時代において，子どもとガチンコ勝負をするというだけでは，うまくコミュニケーションがとれない時代に突入している。そうした意味で，これからの教師はさまざまな引き出しから，子どもや保護者の特徴に応じて多様にコミュニケーションすることが求められ，相応の専門性が必要となる。

　このとき，コミュニケーションをする上で大切なことは，「適切な応答関係」を保つことである。「適切な応答関係」とは，子どもが何を発信し，発信したものを大人がどう受け止め，どう返すか，ということであるが，こうした応答関係の中でコミュニケーションの基盤が形成されるのだと考える。すなわち，人と人とが心の絆をもって関係し合うためには，一方的な愛情を注ぐだけでは不十分であり，「あなたはこう思っていたんだね，じゃあこのやり方はどう？」と相手の意向を取り入れて，妥協点を提案していくことが必要なのである。

(2)　適切な応答関係とは

　ここで具体的な授業場面を想定して，適切な応答関係について考えてみよう。見通しのもてない授業が嫌で，「僕はこの部屋の中にいるだけで精一杯です」という気持ちでいる自閉症児がいたとする。こうした子どもは，しかめっ面をして固まっていたり，教室の端でこだわりの本を見ていたりしていることが多いかもしれない。このとき，子どもに対して「授業なのだから，こっちに来てやりなさい」というような応答は，かなり強引な人間関係づくりであると言えないだろうか。そうではなく，「そこにいてもいいから，先生の楽しくやっている姿を見ていてね」というような関わりをしてみることはできないだろうか。また，別の子どもが「あれもやりたい，これもやりたい」と言って１つの活動に集中できていない場面では，

「今はこれをやっていてもいいけど，少したったらこっちもやってね」という対応ができないだろうか。

つまり，完全に強制するわけではないけれど，完全に放任してしまうわけでもない関係を築くことが求められているのである。こうした関係を築くためには，ある程度のところで教師も子どもも妥協することが求められる。すなわち，時には教師は子どもに代替案を提示し，時には子どもと向き合ってガチンコ勝負をするといった，「適度」な関係を保つことがコミュニケーションの基盤となり，他者との人間関係を強固なものにしていくのだと考える。

(3) 身体を通じて他者を理解する

それでは，子どもにどこまで要求し，どこで教師は妥協したらよいのだろうか。当然のことながら，この問いに対する完全無欠な解答はない。むしろ，「子どもによって妥協点は異なる」というような逃げ口上が，もっとも確かな解答である。

しかし，それでは教育実践の指針にならないこともまた事実である。そこで，教師が子どもとの距離感をはかる際のポイントを指摘しておきたい。それは，「言葉」に頼りすぎず，「身体や表情の変化」に着目するということである。本章の冒頭で述べたように，コミュニケーションの基盤には「情動」の安定がある。「情動」とは，喜び，悲しみ，怒り，恐怖，不安などの生理的なレベルで激しく動く人の感情のことを意味するが，人間はその情動を身体や表情に反映させる。こうした人間のメカニズムを参考にすると，相手にもっとも安心感を与える応答とは，情動の動きに的確に反応することであると考える。

たとえば，こだわりが強く，新しい活動になかなか参加しない自閉症児がいたとする。教師は次から次へと教材を変え，主体的に参加してくれる活動を探しているが，なかなか芳しい成果が得られない。このようなときでも，実は自閉症児の心の中で，新しい教材に興味を示し，「少しはやってみようかな」と思った瞬間があるかもしれない。「これはどう？」と教

「情動」を表現する窓＝「身体」に注目する

師が尋ねても，自閉症児は「やだ」「やらない」と口にするかもしれないが，「やだ」「やらない」と口にしているそのときに，身体や表情はどのように変化していたであろうか。

たとえば，新しい活動が苦手な自閉症児が集団の中に入れなくても，新しく出てきた教材を遠くからじっと見ているなどということはないだろうか。あるいは，一瞬でも表情がパッと明るくなるようなときはなかっただろうか。

このような視点で自閉症児を見つめてみると，彼らの情動反応ははっきりと表面化するものではないかもしれないが，確かに反応していることが見て取れる。もちろん，これには自閉症児を教育した実践経験や，その子どもと長く付き合っているといった「慣れ」も関係しているかもしれない。しかし，そうした情動反応を見逃さない教師になるためには，自閉症児の苦手な点ばかりに着目をするのではなく，その子どものちょっとしたしぐさから，その子どもの気持ちを推測し，気持ちに寄り添った応答をすることを常に教師が意識していることが大切なのだと考える。

3　社会的・情緒的発達とコミュニケーション支援

(1) 自己意識・自己肯定感・自己理解を育てる

以上のような適度な関係を保ちながら，子どもが学校生活を過ごしたなら，その子どもはいわゆる「社会性」を身につけることができると考える。ここで言う「社会性」とは，単に「ルールを守れる」とか「あいさつができる」などといった表面的なスキルではなく，社会的・情緒的発達に裏打ちされた，人間関係づくりの基盤としての「社会性」である。

社会的・情緒的発達とは，自己意識・自己肯定感・自己理解の3つがバランスよく保たれている状態だと言える。すなわち，自己理解とは，自分の好きなこと・嫌なことを理解することであり，こうした力が身につくと，「僕はこれができる」とか「これで活躍するんだ」というように，所属する集団の中で役割や責任感をもった活動を行うことができるようになる。発達障害児に対しても，たとえば，「僕はこの勉強が苦手なんだ」と感じているときに，そこはパートナーである教師が子どもに「あなたはこれは苦手だけど，これはできるよね」と言ってあげることで自分の得意・不得意を意識させることなども自己理解力を身につける関わりの一つであると言えるだろう。

そして，こうした自己理解力を身につける過程で，得意なことを他者からしっかり認められると，自己肯定感が身につくことは容易に想像できる。逆に，不得意なことばかり経験していると，「自分はダメな人間なんだ」と考えるなど，自己肯定感が低くなることもある。特に，発達障害児は学校の学習活動の中で苦手とする内容も多いので，教師は日ごろから子どもをほめ，自信をつけさせるような働きかけを心がけることが必要である。

自己理解が進み，その中で自己肯定感が高まってくると，自分というもののイメージ（自己意識）がかなり明確になってくる。たとえば，「僕はこういう場面は苦手だから，先生に少し助けを求めよう」と思えるようになったり，逆に，「この活動は得意だから，自分の役割を終えたら苦手としている人を助けてあげよう」というように，自分と他人を大切にするような行動が増えてくる。もちろん，自閉症児などの発達障害児は，こうした自分の気持ちを内省する力（メタ認知能力）に困難のある子どもも多いので，他者への共感をもちながら自らの役割を考えることは難しい人も多いのが現実である。しかし，そうだとするならば，なおさら肯定的な自己イメージを形成できるように，得意なことを通して自信をもたせるとともに，子ども自身の自己イメージづくりを支援していくことが求められるのではないかと考える。

(2) コミュニケーションとは「意味の編み直し」の作業

　それでは，日々の教育実践の中で，上記のような自己理解・自己肯定感・自己意識を高めるために，どのようなコミュニケーションを心がけていくことが必要なのだろうか。高橋（2007）によれば，新しい人間関係を形成するためには，「意味の編み直し」の作業が必要であると考えられている。すなわち，「他者と出会うということは，安定した世界に亀裂が入り，自己の世界の限界を否応なく思い知らされる出来事である。つまり，他者が関わるということは，安定を打ち破らなければならない」と考えられる。

　高橋の表現を借りて，自閉症児のコミュニケーションの困難を解釈すると，次のようになる。すなわち，新しい関係を築こうとして，それまでの関係に亀裂が入ると，自閉症児は不安がとても大きくなり，「こだわり」や「パニック」を引き起こしてしまう。そのため，自閉症児は変化を嫌い，そうした状況にならないように，自閉症児のいるクラスや家族は，同じパターンの生活を心がけたり，いつも同じ物を同じ場所に置いておくといった，いわば構造的な生活スタイルを採用するようになる。こうなると，自閉症児は変化がなく安心できるので，大きな混乱なく過ごしていくことができるが，その逆に人間関係やコミュニケーションはほとんど深化することなく現状維持が続くことになる。

　こうした自閉症児を見たときに，私たちはこれまで築いてきた「安定」を打ち破るというのは，相当勇気がいることだと考えなければならない。しかし，だからといってそのままの状態を続けるだけでよいとも思われない。こうした両義的な状況を打開するのが，社会的・情緒的な発達なのである。簡単に言えば，「この人となら，多少，不安定な世界に入り込んでも大丈夫だろう」という安心感をもって，新しい世界に飛び込むことができるかどうかにかかっているのだと思われる。安心できる人と一緒に新しい世界に飛び込み，そこで新しい自分を発見し（自己理解），ちょっとした課題を乗り越え，少々の自信をつけたとき（自己肯定感），この世界にいる自分も「悪くないな」といった気持ち（自己意識）になるだろう。

言葉のない自閉症児に言葉を覚えさせ，可能なら話をさせようとして，「これは何？　○○と言ってごらん？」というような働きかけをするだけでは，おそらく子どもはコミュニケーションできるようにはならないだろう。その場では，繰り返して言葉を発しても，日常生活の中でそれを活用しようとはしないのではないかと考える。それは，それまで生活の中で，そのように言葉を発しなくても関係が成立していたのであるから，子どもはあえて新しい世界に飛び込もうとはしないからだと考える。

　そのため，自閉症児に言葉を獲得させたいと思ったら，多少，安定を崩す場面は必要であるかもしれない。もちろん，こうした場面に直面したら，子どもは少し混乱し，パニックやこだわり行動が出てくることもあるかもしれない。こうしたときに，教師が自閉症児と向き合い，じっくり関わりながら，社会的・情緒的な基盤を形成しつつ，少しずつ新しい世界に飛び込んでいくことができるような実践を展開することが求められる。特別支援学級や特別支援学校であれば，自立活動の時間において自閉症児との関係づくりに焦点を当てた実践を展開し，解決していくことが求められるのではないかと考える。

　具体的に言えば，給食のような場面では，子どもは食べたいという強い欲求があるので，安定が大きく崩れすぎてしまい，指導どころではなくなってしまうかもしれない。一方で，自立活動の時間であれば，とてもシンプルな状況の中で遊びやゲームを実施することもでき，そうした状況の中であれば，自閉症児もちょっと勇気を出して「『ちょうだい』と言ってみよう」というように，新しい世界に一歩踏み出せる可能性もある。

　もちろん，こうした子どもの新しい姿を引き出すためには，教師は子どもが「この先生となら不安な状況の中でも頑張ってみよう」と思うような存在でなければならないだろう。そして，その上で，子どもがそれまでの日常生活の中で形成していた「意味を編み直す」必要性を感じるような「状況設定」や「活動」を授業の中で創出し，少し違った世界に足を踏み入れる機会を設けることが必要である。

4　メンタルヘルスを高めるコミュニケーション支援を

　ここまで論述してきたコミュニケーションの基盤づくりの重要性は，決して自閉症児にのみ有効な考え方ではない。WHOは「日常生活における要求や問題に対処して，効果的に対処するために必要な個人の能力」として「心理社会的能力」を挙げている。ここでは，自己肯定感を高める取り組みを学校カリキュラムの中に位置づけることで，ドラッグや性非行などを予防することができるのではないかと考えられている。

　もちろん，発達障害児への支援を非行や行動上の困難を抱える子どもと同列に論じることは誤解を招きかねないことであるので慎重に行わなければならない。しかし，人と適度な人間関係を保つことができ，「通じ合える」という意味でのコミュニケーションを成立させるこ

とは，人として誰もが必要なことであるだろう。こうしたコミュニケーションが成立しているところに，人への信頼感が高まり，社会との結びつきが強くなるのであれば，それが「社会性」の獲得につながるのだと考える。

そして，こうしたコミュニケーションの基盤は，メンタルヘルスを高めつつ，幅広いスキルを身につけていくことへとつながるだろう。人間関係の形成が苦手な自閉症児に対しては，特にこの点を意識しながら，教師は子どもとの関係づくりを進めていくことが求められる。

【参考文献】

・Goleman, D., 1996, "Emotional Intelligence ; Why it Can Matter More Than IQ", Bantam Books, New York.（ダニエル・ゴーマン著，土屋京子訳（1998）『EQ こころの知能指数』講談社＋α文庫）
・鯨岡峻（1997）『原初的コミュニケーションの諸相』ミネルヴァ書房
・新井英靖（2009）「特別支援教育の巡回相談と被虐待児の支援」日本特別ニーズ教育学会編『発達障害と「不適応・いじめ・被虐待」問題』SNEブックレットNo.4，pp.71-86
・WHO, 1994, "Life Skills Education in Schools".（WHO編，川端徹朗・西岡伸紀・高石昌弘・石川哲也監訳（1997）『WHO ライフスキル教育プログラム』）
・高橋勝（2007）『経験のメタモルフォーゼ 〈自己変成〉の教育人間学』勁草書房

通常学級で学ぶ自閉症児への支援方法

1 通常学級で学ぶ自閉症児に関する課題

(1) 自閉症児への支援の実態

　特別支援教育の開始から，自閉症児への支援方法には，どのような課題が見え始めているのだろうか。ここでは，教師が支援を行った事例を2つ紹介し，検討したい。事例①は，前年度うまくいった支援を今年度も同様に取り入れている通常学級の教師の支援である。事例②は，視覚的な支援とともに，聴覚的な支援を取り入れ，子どもが落ち着きを取り戻した特別支援学校の教師の支援である。

事例①：通常学級小学校3年生
　担任の教師は前年度，担当したアスペルガー症候群の子どもを対象に教室環境を整えることでうまく支援できた。今年度も自閉症傾向の子どもがいるため，前年度同様，継続して声の大きさを，「校庭」，「学級全体」，「班内」，「すぐそばの人」，「心の中」というように5段階の数字で示した「声のダイヤル」を教室の壁に貼った。授業中，子どもたちが集中しなくなり，騒がしくなると，その教師は子どもに注意をして，壁の「声のダイヤル」を指さした。しかし，それでも聞かない場合は，厳しく言葉で注意をした。

事例②：特別支援学校小学部4年生
　自閉症のA児は，通常学校において，友だちや教師が自分を受け入れてくれないと，「汚い言葉」を浴びせ，キレてしまうことが続いた。そうした理由から，4月に特別支援学校へ転入してきた。特別支援学校の教師は，自閉症児のため，視覚的な支援を心がけていた。あるとき，A児が，友だちとけんかをした。教師は，興奮状態をクールダウンさせるため，カーテンで区分けした教室で，視覚的な支援により，絵を描いて相手の気持ちをわかりやすくする「コミック会話」を行った。しかし，A児には冷静さが戻らず興奮がおさまらなかった。もう一人の教師が，淡々と「どうなってしまったの？」「なぜなんだろう？」と振り返りながら，ゆっくりと話を聴き取る聴覚的な支援を行うことで，A児は冷静さを取り戻した。

事例①では，前年度有効だった方法で，今年度も教師は支援に取り組んでいた。確かに，有効であったならば同じ方法を使って子どもを支援するのは当然である。けれども，同じ自閉症傾向であっても，前年度とは子どもが違い，また学級集団も異なっている。このため，前年度の支援に今年度の子どもたちを当てはめても，その支援は有効ではないことも考えられる。

　事例②からは，自閉症児には，視覚的な支援の有効性が確認されているが，子どもに合わせてそれ以外の支援方法も考える必要性があると言える。すでに自閉症児に対する見通しのもてる指示や安心できる環境が整備されていた。だが，そうした支援とともに，教師は障害特性に応じて準備した支援以外にもさまざまな支援方法を考え，試みる必要があると考えられる。

　こうした事例から，「自閉症児だから○○しなければならない」と単純化しすぎてはならないと言える。個々の子どもと関わりながら，その子どもや周りの子どもたちに合った実践を探っていくことが大切である。事例①では，「声のダイヤル」が数字で5段階になっていた。たとえば，数字ではなく，「棒グラフ」や「口の大きさ」で示すなど，提示の仕方を自閉症児や学級集団の特性に合わせる必要があったのではないだろうか。また事例②からも，自閉症児だから，視覚的な支援で「安定」した環境を整備するばかりではなく，時には，聴覚的な支援などによって「不安定」な環境を乗り越えさせる支援も考える必要があると言えるだろう。

（2）　学習指導要領と通常学級で学ぶ自閉症児

　通常学級においても自閉症児への支援に重要な課題がある。それは，平成20年度版の学習指導要領の総則において謳われた「言語活動」である。「指導計画の作成等に当たって配慮すべき事項」では，以下のように述べられている[1]。

　各教科等の指導に当たっては，児童の思考力，判断力，表現力等をはぐくむ観点から，基礎的・基本的な知識及び技能の活用を図る学習活動を重視するとともに，言語に対する関心や理解を深め，言語に関する能力の育成を図る上で必要な言語環境を整え，児童の言語活動を充実すること。

　今回の改訂では，「言語活動」は，とりわけ「各教科」において求められている。それでは，コミュニケーションに大きな困難を抱える自閉症児に対する「言語活動」は，どのように取り組めばよいのであろうか。

　上述した通常学級における自閉症児の実態や学習指導要領との関係から，原則として，障害特性への支援は必要である。けれども，障害特性に向き合うことが注目され，「通常」の子

どもであれば教育するが，医学的問題のある子どもへは医学的根拠に基づいた個別の対応といった「学校の誤った医療化への転身」という指摘がなされている[2]。通常学級における支援方法を考えると，自閉症児も学級の一員として支援していくことが重要であり，「言語活動」では，周りの子どもとどのようにコミュニケーションをとるかが課題である。本章では，自閉症児への個別の支援方法を考察するのではなく，むしろ，通常学級という自閉症児を含む学級への対応を考えたい。

2 コミュニケーションの苦手な自閉症児をつなぐ支援方法の視点

(1) 子どもの気持ちを表現させる視点

　自閉症児は，自分の気持ちがうまく伝えられず，友だちと関係をうまくつくれない。しかし，そうした子どもと周りの子どもたちを「つなげる」学級指導が成立していたならば，自閉症児も安心して学級に参加することができる。以下の事例は，ある3年生の通常学級に自閉症傾向と考えられるB児がいたケースである。この学級担任の学級指導には，次の3つの特徴が見られた。

- ・班を基盤として学級をつくる
- ・目に見える評価活動をする
- ・表現力を育てる

　これらの特徴から，第一に，「朝の会」から「終わりの会」まで全てを班を基盤とすることで，B児は教師の指示がわからなくても，周りの子どもの動きを見るといったことで学級の活動や授業に参加しやすい状況にいた。また，班の子どもたちがB児を常に気にかけることで，援助することが可能になっていた。班という小さい集団であると，子ども同士の「つながり」が生じやすい。

　第二に，4月から学級のよかった出来事を固有名詞を入れて短冊にし，教室の壁に貼っていく「学級の歴史づくり」や，みんなのがんばりを黒板に「正」の字で書いていくポイント制の評価など，目に見える形で，子どもたちのよい出来事やがんばりを評価していた。そうすることで，学校において「ほめられる経験」を増やし，学級の子どもたち全員に「自己肯定感」を育み，B児を含めた子どもたちが自分に自信がもてるような取り組みがなされていた。

　第三に，表現力を育てる工夫がなされていた。「朝の会」での実践では，「じゃんけん列車」が特徴的であった。「じゃんけん列車」が始まる前，B児は，1人で座席から離れて教室と廊下の境の壁にくっついていたが，「じゃんけん列車」が始まると，身体を動かしながら参加していた。また，「正」の字のポイントがたまったとき，教師は「喜べ！」と指導し，表現や言

葉で豊かに「喜ぶこと」を方向づけていた。それは，子どもたち一人ひとりの感情を豊かに表現させ，自分が感じていることを表現できる子どもに育てようとする教師の方向づけであった。表現することに抵抗感をなくすことで，授業でも自分の考えが言いやすく，他の友だちと言葉を通して「つながる」ように育てていたのである。

このように「特別な子ども」をはじめ学級の子どもたちに対して「表現力を育てる」工夫を行い，表現することに抵抗感をなくし，少しでも他者と「つながる」よう表現や言葉を増やす試みは重要である。こうして子どもが自分の気持ちを言葉や表情で表現することで，たとえば，「一緒に喜ぶ」といった共感し合う経験をし，学級内に共感する友だちが現われ，つながりが生まれるのである。

(2) 言語活動と子どもの認識形成の関係

平成20年度版の学習指導要領における「言語活動」は，単に各教科で言語活動を実施すればよい，ということではない。言語活動の学習では，自分の経験や生活と結びつけながら表現させる必要がある。その際，注意しなければならないのは，「ことばを豊かに獲得し，自分の生活や自分の思いをことばに託して表現することのできる子ども（ことばを使う喜びを十分身につけた子ども）を育てるために，教師は系統性や順序性だけを考慮した言語指導ではなく，子どもとことばという文化とを出会わせるための方法を常に考えていく必要がある[3]」ということである。

これは，単に，機械的にドリルを強いるような，ことばや意味を覚えさせる訓練的なことではない。そうではなくて，「私たちが事物を知るということは，言語によって事物をつかむということであり，事物について考えるということは，言語によって考えるということである。もちろん，このことは言語が社会的交通，人間的接触の手段であることを否定するものではない。問題は，手段が思惟や認識それ自体であるということにあるのである[4]」。

このように，言語を学ぶことは，子どもたちの現実世界の認識と深く関わる点で，通常学級の授業そのものを問い直す視点とも言える。

3　学級づくりと授業づくりの相互作用

(1) 安心して自分の考えが言える学級づくり

自分の気持ち，思い，考えなどを言語化するためには，自分の意見を発表したり，まちがったり，「わからない」発言をすることができるように，教室を安心できる居場所にすることが目指される。けれども，そのような学級づくりをしても，自閉症児などの「特別な子ども」を支えきれない場合があるのではないだろうか。

学級の子どもの中には，自分がどこからどこまでわかっていないかを理解できている子どもばかりではなく，また，「○○がわからない」と言える子どもだけではない。むしろ，どこがわからないかもわからない子どもも視野に入れて教師は考える必要がある。

　また，「わからない」発言から授業を中断してまで，教師や周りの子どもに教えてもらってもわからない場合がある。この場合，「わからない」発言をした子どもが傷つくのである。

　こうした問題に対する方法として，「一つには，わからなさを表明しようとしている子どもに，そこで取り組んでいる課題がどのように見えているのかを応答する側が想像しながら，そのわからなさを代弁していくということである。二つには，その代弁した内容が正しく代弁できているかについて，代弁の対象となった子どもに確認を求める対話を呼びかけていきながら，その子どもの声を公の場に引き出していくということである[5]」と指摘されている。

　こうした子ども同士の差異を学級で認め合う土壌があることによって，「特別な子ども」が安心して考えを言えることができるようになるのではないだろうか。

(2) 「つながり」のある学級づくり

　自閉症児と周りの子どもたちとの「つながり」のある学級づくりが求められる。小学校3年生の通常学級と交流する自閉症のC児と周りの子どもたちとの「つながり」を報告した事例③，④がある[6]。

事例③：体育の授業後の着替え
　体育が終わった後，C児が下着一枚で廊下に出たとき，学級の子どもがC児に呼びかけた。再び，C児が教室から出ると，引き続き，学級の子どもも教室を出て，C児の名前を呼び，連れ戻していた。

事例④：体育の授業
　体育の時間に校庭において，C児はみんなと同じ場所で縄跳びをすることができず，縄跳びを駆け足跳びで跳ぶため，学級の中で組織されたチームのメンバーが跳んでいる所から，離れて遠いところへ行ってしまった。そのとき，同じチームの女子が，C児を追いかけ，戻るようにと手をさしのべていた。

　こうした教室やチームから飛び出す行動に対して，周りの子どもたちがどのように反応するかが大切である。

　別の日のポートボールの授業では，C児は自分のチームがゲームのときは，C児も参加しなければならないと，わかっているようであった。そのため，チームから離れた場所にいてもゲームのときには，チームの近くに来て参加していたのである。このように，学級の子ど

もたちも強制的に学級に参加させるような関わり方ではなく，時にはC児を見守るような関わり方をしていた。それゆえ，学級の子どもたちに対しても「つながり」を強調することで通常学級の活動に強制的に参加させようとするのではなく，自分が「つながり」たいときに，つながることを選択できることが重要である。そうすることで，通常学級という一元的な集団に適応させるのではなく，集団への参加の選択ができるような関係をつくることも必要である。

さらに，子ども同士の「つながり」をつくるためには，普段からの取り組みが大切である。次の事例⑤は，自閉症のC児が特別支援学級で授業を受けているため，通常学級にはいない場面での学級担任の学級指導である[7]。

事例⑤：学校農園で収穫した大根を学級の全員で分ける場面
　教師は，十数本の大根の葉っぱを落とし，均等に切り分ける。教師は，子どもたちに「葉っぱのいる人」と言い，葉っぱを子どもたちが取り終えた後で，再び教師が「それでは，大根を取っていってください」と順に配分していく。大根がほとんどなくなったところで，教師は，大根を取っていない子どもがいることに気づいた。子どもたちの中に大根がいらないと言い張る子どもがいたのである。教師は，「保護者の方に持って帰ってください」と説明し，再度大根を集め，分配を試みようとした。そのとき，教師は「お隣さんがちゃんと聞こえているか確認してね」，「お隣さんが（切り分けた大根が）1個あるかちゃんと確認しなさい」と指導した。子どもたちは，一瞬静かになり，隣同士で確認するよう顔を見合わせた。

この事例からは，大根が「ある」か「ない」かの確認とともに，より大切なのは，互いに隣の子どもをもっと気にかけることによって，「つながり」のある学級へと教師が方向づけている点である。大根を持っていない理由には，「大根を取りに行くことを忘れたのか」，「先生の話を聞き逃したのか」，「ただ大根がいらないのか」など，さまざまである。しかしながら，ここでは，そうした隣の子どもの大根が「ある」か「ない」かを気にかけない，隣の子どもは「自分には関係ない」という空気が漂っていたと感じた教師が，子どもたちに「確認し合う」指導を通して，隣の子どもとつなぎ合わせることを試みたのではないだろうか。

子どもたち同士の関係を教師が「つなぎ合わせる」ことで，「自分には関係ない」というその場に漂っている空気を取り払い，仲間意識を育てている。このような普段からの取り組みが学級づくりの基点となり，「特別な子ども」が「気にかけられる」，「つながる」ことができる学級になっているのである。

（3） 成果主義の学力から「つながり」のある学力へ—「評価の二重方式」

「つながり」のある学級を育てるためには，正答のみを評価する「成果主義」ではなく，プロセスにおいて子ども同士の「かかわり合い」を評価する「指導的評価活動」の「過程主義」が必要である（「指導的評価活動」とは，「テストによる評価」，「通知票による評価」ではなく，授業進行の過程において発動される教師の指導行為の一形態としての評価（ねうちづけ）である）。

このことは個と集団の「評価の二重方式」と関係している。評価が「正答」のみを評価する「成果主義」に陥ると，ほめられた個人のみが学級から浮き上がり，その子どもを取り巻く集団がしらけたりするケースも出てくる。だからこそ，個人がほめられることで，周りの子どもたちもほめられたように思える以下のような「評価の二重方式」が必要なのである[8]。

　Dくんの本読みが上手になったことをほめる場合でも，Dくん自身がどのように本読みの練習に取り組んできたかのプロセスを込めて評価するし，さらに，その背後にあるDくんが所属する班の「かかわり合い」も評価に込めることが重要である。「Dくんの班は，みんなで声を掛け合って本読みの練習に取り組んできているからね」と言うようにである。さらには，「このクラスは，朗読クラスをめざして，あちこちから音読の声が聞こえるもんね」というように，学級全体とのつながりにおいてDくんを評価することも必要である。

このように，個と集団の「評価の二重方式」によって，「つながり」が評価され，学級や班の仲間意識や帰属意識が育まれる。

4 指導的評価活動と自己肯定感との関係—自己肯定感を問い直す—

子どもたちへの「刻々の評価活動」として，授業過程において教師が行う「指導的評価活動」には，留意しなければならない点が存在する。

それは，自己肯定感との関係である。LD，ADHD，高機能自閉症等の子どもたちは，「頻繁に禁止されたり叱られたりするが，ほめられる経験はきわめて少ない傾向がある。子どもはほめられて育つというが，その反対の経験が積み重なってしまうのである。その結果，例えば，学習の意欲が減退するだけでなく，自分に自信が持てなくなってしまう。自己を肯定的に見ることができなくなってしまう[9]」という「自己肯定感の育ちそびれ」がある。

そのため，教師は，「指導的評価活動」によって自己肯定感を高めようとする。特に，自閉症児は，「プライドが高い」「完全主義者」とも言われるが，「些細な失敗でも自分を責める繊細な子」としても考えられる。けれども，「自己肯定感の源は，『何かができること』ではな

く,『生きていてもいいと思えること』ではないだろうか。より良い自分との出会いはもちろん大切だが,それ以前に,たとえ何もできなくてもいい,生きていることに価値があると思えるようになって欲しい」という指摘がある[10]。

　自己肯定感を育てるために,教師が一方的に子どもの「できることをほめる」という行為をすることによって,子どもは正答主義や成果主義に陥る可能性がある。それゆえ,「『できることをほめる』だけでは,『弱者』の競争と分裂を招く。『みんなもできなくて悩んでいる』という悲しみの共有こそが,他人にやさしい文化の基盤となる[11]」のではないか。大切なのは,正答主義や成果主義にとらわれない評価,「できない」ことが共有し合えることではないだろうか。別府哲氏は,高垣忠一郎氏を援用しながら,自己肯定感を「競争に勝ち他人より優れたところをもつことで保たれる『競争的自己肯定感』」と,「何もできなくても自分がそこにいてよいと感じられる,自己のかけがえのなさに基づく『共感的自己肯定感』」に分け,自閉症児について,「『わかる』『できる』ことを大切にしながらも,その先にある,自分のかけがえのなさを生きる力の拠り所とする『共感的自己肯定感』をどう育てるのかが,今こそ求められている」と述べる[12]。このように,「競争的自己肯定感」から「共感的自己肯定感」への転換が自己肯定感を育む視点だと考える。

　最後に,自閉症児などの「特別な子ども」たちへの対応は,個別の支援だけではなく,同時に「特別な子ども」を含む学級集団への指導として行われる必要がある。すなわち,今日,子どもたち同士を「つなげる」指導が求められると考える。このことは,特別支援教育の視座から,通常学級における「学級づくり」と「授業づくり」との関係を問い直すことを意味しているのではないだろうか。

【注】

1) 文部科学省(2008)『小学校学習指導要領　平成20年3月告示』p.16
2) 田中康雄(2008)『軽度発達障害―繋がりあって生きる』金剛出版, pp.258-261参照
3) 高井和美(2007)「「ことば」の力を育てる授業づくり」小川英彦他編著『特別支援教育の授業を組み立てよう』黎明書房, p.43
4) 城丸章夫(1993)『城丸章夫著作集【第1巻】現代日本教育論』青木書店, p.114
5) 福田敦志(2009)「学びの共同化を実現する授業・学級づくり*ゼロ・トレランスを越えて*」湯浅恭正編著『特別支援教育を変える授業づくり・学級づくり3　自立への挑戦と授業づくり・学級づくり〔中学校～高校〕』明治図書, p.53
6) 吉田茂孝(2010)「特別支援教育における学級指導と授業指導のあり方―通常学級における実践分析を通して―」全国私立大学教職課程研究連絡協議会編『教師教育研究』第23号, p.78-79参照
7) 同上論文, p.79参照
8) 深澤広明(2006)「授業における班の意義と班活動の位置」『心を育てる学級経営』261号, 明治

図書，p.68（なお，原文では「Aくん」となっているところを，本論では「Dくん」と変更した。）
9)　茂木俊彦（2007）『障害児教育を考える』岩波書店，p.114
10)　佐藤比呂二（2008）「自閉症児と授業づくり」『障害者問題研究』第36巻第3号，p.48参照
11)　白石陽一・湯浅恭正（2006）「解説　教授学の知と現代授業研究への問いかけ」吉本均著『学級の教育力を生かす吉本均著作選集⑤　現代教授学の課題と授業研究』明治図書，p.206
12)　別府哲（2008）「『共感的自己肯定感』と『競争的自己肯定感』」『みんなのねがい』493号，p.26参照

コラム① 「遊び心」に寄り添う

　読者の皆さんは戦隊ヒーロー物のドラマをご覧になったことがありますか。私自身，子どもとの共通の話題を広げるために戦隊ヒーロー物のドラマは必見であると思っていましたし，ある年は戦隊ヒーローの人形たちが給食指導する（完食すると人形たちが自分の机にやってきて「おめでとう！」と祝福する）こともやっていました。自閉症児にも，そうしたヒーロー物にあこがれ，楽しむ子がいます。

　イラストの4コマ漫画はそうした子どもたちの作品です。描きながら楽しんで作品を作っている様子が目に浮かぶようです。この作品は，単なるヒーローの模倣ではなく，そこから発展して自分を主人公にした新しいキャラクターを生み出したところがすごいところです。また，ある生徒が描いていた4コマ漫画に興味をもち，別の生徒も4コマ漫画を描き始めるなど，一種のブームになったこともあったようです。こうしたことは，子どもの「遊び」から出てくるものですが，そうした「遊び心」に寄り添って，子どもたちの意欲や才能を伸ばすことが教員に求められているのではないかと思います。

　最近は「自己肯定感を育む」ことが大事だとよく言われます。しかし，そう考えている教員が，「遊び心」を「ここは勉強の場だから」と切り捨てていることはないでしょうか。

　ちなみにコウジマンを描いた子は，自分で着る衣装も持っていて，先生の協力のもと卒業制作で彼が主人公の映像を作ったそうです。それを見た下の学年の子どもたちからサインを求められるなど，まさにヒーローを実現したそうです。私はそこにこそ自己肯定感を育てる実践があると感じます。

　子どもたちが伸び伸び生き生き活動できる学級をつくりたいなら，そのキーワードの1つに「子どもたちの『遊び心』に寄り添うこと」があるのではないかと感じています。

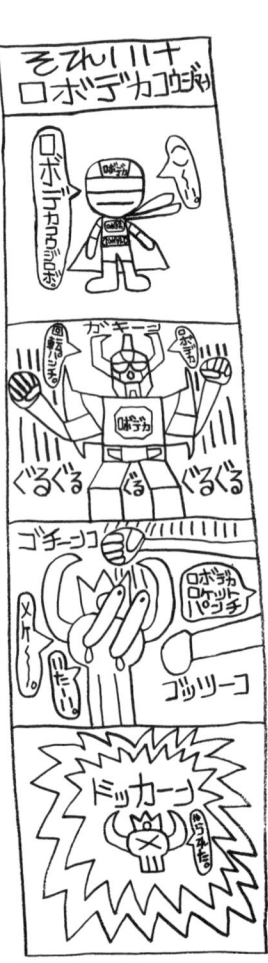

実践編

第4章

国語・算数の授業を通して認識力を高める

1 はじめに

　戦後の障害児教育（「特殊教育」）において，特に知的障害教育（「精神薄弱教育」）の分野では，教科よりも経験を重視する教育が主流とされてきた。それは「社会自立」が一番のねらいとされてきたからである。1970年代において，障害児教育の分野では，教科指導を中心と考えるか，経験を土台におく「生活」主義教育かという，いわゆる「教科か生活か」論争が盛んに行われた。しかし，特に障害児学校（「特別支援学校」）の児童・生徒の障害の重度化・重複化に伴い，授業そのものは教科指導よりも「生活」中心に授業を組み立てることが多くなった。1990年代に個別指導計画が登場してから，算数や国語においても個別の課題を個別に指導することが広がり，それが授業となってきた。
　このような状況の中で，筆者は知的障害の障害児学級（「特別支援学級」）において，「どんなに障害が重くても教科教育を保障する」というスタンスで実践を続けてきた。特別支援教育の時代になり，通常学級の教育との連続性が問われる昨今において，その方向性は間違っていなかったと思う。
　筆者は，国語・算数の教科を「認識力」を高める教科として位置付けてきた。では，認識とは何か。辞書を引くと「ある物事を知り，その本質・意義などを理解すること。また，そういう心の働き」との説明がある。もっと端的に考えると「物事がわかっていく」→「かしこくなる」ということだと思う。そうした認識の力をつけるのに，算数や国語の教科は最適だと考え，実践してきた。
　さらに，「授業は集団で行うもの」と考えてきた。個別指導は大事だし否定はしないが，学校において集団があるということは大きな特徴の1つである。そのことをおおいに活用したい。また，集団の中で「学び合い・教え合い」が生まれ，それが一人ひとりの成長につながることもたくさんある。
　一方で，この本の主たる授業対象は自閉症児である。自閉症という障害に配慮していくことはもちろん大切であるが，自閉症という視点だけでなく，一人ひとり生身の「Aさん」「Bさん」である，ということを大事にしてもらいたい。自閉症児の教育においては，「Aさんにとってよいやり方が，Bさんにとってよいやり方かどうかはわからない」のである。それほど十人十色であり，指導者があまりパターンにはまりこんでしまうとうまくいかないことが

多い。その延長上で，指導者がパニックを誘発するということも数多く見てきた。

　過去に出版された本などに載っている自閉症児の実践例を見ると「こうすればうまくいく」的なものも見受けられるが，筆者の経験からしても，1つの成功例には多くの失敗例があると考えるべきであると思う。いろいろな事例を知ることも大切だが，それをうのみにせず，目の前の子どもから出発し，子どもの反応を見取って授業していくことが大切である。

　この章の実践はすべて，筆者が子どもたちや同僚とともに授業をつくり，先輩教師や子どもたちから学び，やってきたものである。拙い内容であるが，読者のみなさんに何らかの手がかりなりヒントなりを読み取っていただけたらと思う。

2　国語の授業

(1)　ねらい

　学習指導要領における小学校国語科の目標は「国語を適切に表現し正確に理解する能力を育成し，伝え合う力を高めるとともに，思考力や想像力及び言語感覚を養い，国語に対する関心を深め国語を尊重する態度を育てる」である。

　特別支援学校学習指導要領における国語科の目標は「日常生活に必要な国語を理解し，伝え合う力を養うとともに，それらを表現する能力と態度を育てる」である。

　「伝え合う力」がキーワードである。「人間と人間との関係の中で，互いの立場や考えを尊重し，言語を通して適切に表現したり正確に理解したりする力」（『小学校学習指導要領解説　国語編』），「日常生活を送る上で，人とのコミュニケーション能力を重視し，伝え合う力を養って積極的に表現しようとする意識や気持ちを育てる」（『特別支援学校学習指導要領解説　総則等編』），と書かれている。一言で言えば，「読むこと」「書くこと」「話すこと・聞くこと」の能力をコミュニケーション能力として伸ばしていくことが求められていると言えよう。

(2) 児童の実態

児童の実態として、おおまかに次のような段階で考えたい。

①	話し言葉を獲得する段階	まだ発話のない児童や1語文が中心の児童
②	話し言葉を充実させ、書き言葉を獲得する段階	日常生活において話し言葉によるコミュニケーションはまあまあできるが、ひらがなやカタカナが書けない児童
③	書き言葉を充実させる段階	ひらがなやカタカナ、簡単な漢字は自力で書ける児童

最近では特別支援学級に通う子どもの実態として、軽度の子どもも増えているので、③の段階がかなり幅広くなっているというのが実感である。

そして、同じ授業、同じ教材を使っても、段階によってねらいとするところは異なることを押さえておきたい。またある程度の発達差を考慮して能力別に授業を組む場合、その授業の中心的な課題は何かということを児童の実態からしっかりと押さえておきたい。

(3) まずは楽しめる教材から

まずは子どもたちが授業を楽しんでくれなければうまくいかない。ワクワク感やドキドキ感を大事にしたい。筆者は絵本を使うことが多かった。リズム感のあるもの、意外性のあるものを選ぶが、授業する一人ひとりの子どもを思い浮かべながら、教材の選定をしたい。「○○さんは動物が好きだからこの本にしよう」とか「○○くんは電車が好きだから電車の出てくる話にしよう」という子どもたちから見たニーズにも気を配りたい。そして「子どもたちにこの世界を味わわせてあげたい」という「授業者のこだわり」を大事にしたい。

多くの教材や作品があり、過去に多く実践されているものもあるが、特別支援学級や特別支援学校で独自の教材を使って学習できる場合は、ぜひ教材開発・教材研究を進めてほしい。月に1回は大型書店に行き、絵本のコーナーで教材になりそうな本はないか探してほしい。また図書館に行き、ネタを仕入れてくることも大切である。

次に教材をどのように披露するかを考えたい。大型絵本にするか、ペープサートにするか、パネルシアターにするか、一人ひとりにテキストを作る方法もある。子どもたちにとってよりよい方法を考えたい。その教材の内容を、子どもたちが口ずさんだり、家で言ったり、あるいは学級や学校で流行ったりすれば大成功である。おおげさに言えば、学級文化・学校文化であり、自閉症児においても、そうしたことを追求していきたい。

(4) ひらがな・カタカナの学習

　ひらがな・カタカナの学習も，教材と絡めてやっていきたい。もちろんプリント教材などでの学習も否定するものではない。ただ，集団で楽しんで授業をするためには，そうした授業の展開が大事だと思っている。ひらがな，カタカナの学習で次のような作品を使ってきた。

『あいうえおえほん』（とだこうしろう作，戸田デザイン研究室，1982）
『あいうえおうさま』（寺村輝夫作，理論社，1979）
『あいうえおにぎり』（ねじめ正一作，偕成社，2001）
『あっちゃんあがつく　たべものあいうえお』（みねよう・さいとうしのぶ作，リーブル，2001）
『ぐりとぐらのあいうえお』（中川李枝子作，福音館書店，2002）
『しりとりしましょ！　たべものあいうえお』（さいとうしのぶ作，リーブル，2005）
『カタカナえほん』（とだこうしろう作，戸田デザイン研究室，1984）
『かたかな絵本アイウエオ』（五味太郎作，岩崎書店，1980）

　他にもいろいろな絵本が出ている。子どもたちにとってよりよいものを選びたい。また，ある程度力のある子どもたちとやるときは『○○くんのあいうえお』として，オリジナルの絵本を作ることもした。「○のつくことば」を自分で考えて五十音を作るのである。『パイがいっぱい』（和田誠，文化出版局）の中の「1から10までのかぞえうた」をやったときに，ある自閉症児が，オリジナル絵本づくりを覚えていて自分で「○○○○のおばけかぞえうた」を作ってきた。こうしたことを特に自閉症児では大事にしたい。課題からはみ出ると「ダメです」と言われがちであるが，自閉症児がオリジナリティを発揮することをもっとしっかりととらえてほめて評価してほしい。そうしたことが子どもたちの表現する意欲につながるからである。

　授業の流れは，①本文を読む，②出てきたひらがなを確認し，読む（書く）練習をする，③その字のつく言葉を考える，④プリントを書く，等のように同じ形で行ってきた。こうすることで，その単元はそのような流れで学習していくのだということが子どもたちにも理解できるからである。特に自閉症児にとっては，授業の流れが一定しているのは，落ち着いて学習できる要因の一つであった。

(5) 物語の学習

　筆者は物語の学習は「生活を豊かに送る力になる」と考え実践してきた。

学習の進め方	作品名
障害の重い子も含めて，劇化したり，時には部屋全体を舞台にして，子どもたちを登場人物にして一緒に物語の世界に入る	○『3びきのこぶた』（いもとようこ作，岩崎書店） →わらのいえ，木のいえ，レンガのいえを特別教室につくり，こぶたになって，おおかみから逃げ回る。 ○『3びきのやぎのがらがらどん』（マーシャ・ブラウン作，瀬田貞二訳，福音館書店） →やぎになってかいぶつのトロルとたたかう。 ○『はしのうえのおおかみ』（奈街三郎作，鈴木出版） →平均台をはしに見立て，やりとりをする。 ○『いってきまあす！』（渡辺茂雄文，大友康夫絵，福音館書店） →教室に「山」や「橋」を作り，1人ずつ活動する。
定番的な物語を学習する	○『はらぺこあおむし』（エリック・カール著，もりひさし訳，偕成社） ○『スイミー』（レオ・レオニ著，谷川俊太郎訳，好学社） ○『おおきなかぶ』（A・トルストイ再話，内田莉莎子訳，福音館書店） ○『ももたろう』（まついただし作，福音館書店）
最初から全部を渡さないで1ページずつ渡していき，「次はどうなるか」のワクワク感をもたせながら学習する	○『うんちしたのはだれよ！』（ヴエルナー・ホルツヴァルト作，関口裕昭訳，偕成社） →もぐらくんの頭にうんちをした犯人をもぐらくんが探していく話であるが，1ページずつ渡すと最後まで犯人が出てこないので子どもたちの興味が最後まで持続しやすい。 ○『きかんしゃやえもん』（阿川弘之作，岩波書店） →1ページずつ学習する中で，やえもんがどうなっていくかを子どもたちに考えさせて学習することができた。 ○『これはのみのぴこ』（谷川俊太郎作，サンリード） →1ページずつ学習することで言葉がどんどん増えてくる楽しさを味わうことができる。
「文章から内容を読み取る」学習をする （書き言葉を充実させる段階の児童）	○『大造じいさんとガン』（椋鳩十作，偕成社） →大造じいさんとガンの関係を，文章を読みながら，「この場面で，大造じいさんはどこにいるのか？」等，細かいことを質問しながら，話のやりとりで内容をとらえていった。 ○『セロ弾きのゴーシュ』（宮沢賢治作，偕成社） →ゴーシュと登場する動物たちのやりとりを丁寧に読み進める。 ○『蜘蛛の糸』（芥川龍之介作，偕成社） →主人公カンダタの気持ちを考えながら読み進める。

第4章　国語・算数の授業を通して認識力を高める

「文章から内容を読み取る」学習では次のようなエピソードがあった。

> ○通常学級に途中まで在籍していた，いわゆる「軽度発達障害」の子どもたちが中心のグループで「大造じいさんとガン」を学習したが，「意味がわからないまま，ただ読んでいる」ということが多く，この段階の子どもたちは，「文字が読める，書けるからといって内容までわかっているわけではない」と考えてやっていく必要があると強く感じた。自閉症児にとっても，「どうわかっているか」ということを丁寧に見ていく必要がある。
>
> ○『セロ弾きのゴーシュ』（宮沢賢治作，偕成社）をやったときのことである。ある自閉症児は，本文を見ながら□に字を埋める穴埋め問題は得意であった。が，穴埋めではない「このときゴーシュはどう思ったか」の設問に彼なりに必死に考えている様子がうかがえた。そして彼が出した答えが「たぬきじる」だった（たぬきの子が訪ねてきて，ゴーシュはそれを追い返そうとわざと怖い顔をして「たぬき汁にしてしまうぞ」という場面である）。通常学級のテストで言えばバツだろう。しかし，本人が穴埋めでなく，その周辺の文を見て，必死になって出した答えが「たぬきじる」だったのである。この課題に必死に取り組んだ彼を見て，それだけでこの物語をやった意味はあったと思った。

「認識を育てる」視点からもこうした内容の読み取りは，その段階の子どもたちにとっては大事にしてほしい点である。

また，子どもたちへの見せ方の工夫として，次のようなことを行ってきた。
・大型絵本を活用する。
・拡大コピー機を使って教材を大きくする。
・リズム感を大事にして，何回も繰り返し読んでいく中で，その場面その場面をピックアップして動作化したり，劇化したりして物語の内容を味わわせる。
・ビデオ映像を使う。

> ＜ビデオ映像を使う場合の注意＞
> 　最近では，たとえば五味太郎の作品などはビデオ化され，映像として見ることができるようになっている。この映像に自閉症の子どもたちはかなり「はまる」ことが多い。しかし，映像は「もろ刃の剣」であることも自覚したい。子どもたちは画面を食い入るように見ているが，内容をどうとらえているか，ということとは別次元であったりするからである。
> 　テレビコマーシャルのワンフレーズだけが気に入っていてそこを何度も何度も繰り返

し再生する子や，映画の一場面だけを繰り返し繰り返し見ている子がいた。その子たちにとっては，映像の内容よりも，その映像から受け取る刺激のようなものに関心が向かっているのであろう。

　筆者も授業において，ビデオや映像を多く使ったが，「もろ刃の剣」にならないように，ねらいを絞って，短時間，あるいはそのフレーズだけといった形で行ってきた。子どもたちが映像をどのように受け取っているか，見取りながら進めることが大切である。

(6) 説明文の学習

　知的障害教育において，説明文の読解は難しいと言われている。しかし，「書き言葉を充実させる段階」の子どもたちには，学習機会をつくりたい。筆者は，特に，通常学級から転学してくる子どもたちに，ある意味，通常学級で挫折した説明文の読解にトライさせてみたいと思った。子どもたちの興味・関心のある事柄でオリジナルの説明文を作って読解する方法が有効であった。たとえばテレビ好きな子どもたちに「テレビの番組欄の話」や，電車好きな子どもたちに「電車の話」などを作って，読解した。電車のほうは，その後，専門雑誌の文章を使って，かなり高度な文章読解にチャレンジをしたが，子どもたちはかなりのレベルまで読解ができており，方法によっては着実に力をつけられることを学んだ。「話し言葉を充実させ，書き言葉を獲得する段階」の子どもたちにも，自分たちの生活とからめて，「給食当番のしたくのやりかた」とか「そうじ当番のやりかた」などの説明文を作って読むことはできるのではないかと考えている。

(7) 作文

　自閉症児が苦手とする1つに作文がある。「考えたことを書きましょう」などと言われてもお手上げ，という子が多い。ではどうするか。「遠足の作文を書きましょう」という課題で考えてみよう。まずは，時間軸にそって書かせてみる。

　①電車に乗りました，②歩きました，③公園につきました，④お弁当を食べました，⑤電車に乗りました，⑥学校につきました。

　それから「公園で何をしたの？」→「遊んだ」，「何して遊んだの？」→「ブランコ」等と質問し，足していくのである。最後に「楽しかったです」というフレーズを入れれば，とりあえずの作文の一丁上がり，となる。書くことに苦手意識をもっている子どもたちにとっては，これだけでも大事業である。がんばって書いたことをまずはほめてあげたい。「こんなんじゃだめだ」と言われてしまうつらさを想像してほしい。最初はそれでいいではないか，というのが筆者の考えである。

　一方で，「書きたいという思い，伝えたいという思いがあるときは，書ける」とも思ってい

る。そうしたときにさっと作文用紙を渡せるかどうかがカギである。

校外学習で電車に乗った喜びを生き生きと書いてきた子がいた。文章だけを見ると「○○線に乗った」「○○線に乗った」ばかりが続く感じであったりするが「○○系に乗りました」「新型車両を見ました」というあたりに，その子がそのときに何に関心をもち，どんなことを思っていたかを垣間見た気がした。

「『○○○○』と高橋先生が言いました」等の文章が出てくるのも成長である。自閉症の子の作文は見る視点が違っておもしろいと思っている。書くことが嫌になってしまっては困るが，書くことを苦にしない，書くことを楽しめる子どもに育てていけば，おのずと作文力はついてくる。その意味では，指導者がどのように気持ちよく子どもたちをのせるか，ということも大事かもしれない。

(8) 関わる力を伸ばす

自閉症児2人のエピソードである。

お話発表でAくんは発表者，Bくんはそれを黒板に書く書記係。Aくんが「○○急行，唐木田行きに乗りたい」と発表した。Bくんは「カラキダ，カラキダ……」と「唐木田」を漢字で書けなくて困っていた。そこで筆者は「ひらがなでもいいんじゃない」と助け舟を出し，Bくんが「からきだ」とひらがなで書くとすかさずAくんが「漢字ね！」と突っ込んできた。どうしようと不安な表情で筆者を見るBくん。しかし筆者は冷たく「2人で何とかしてください」と突き放した。さて，どうなったか。AくんはBくんからチョークをとって「唐木田」と黒板に書いたのである。

それを見て，あっぱれ！　と思った。自閉症児だからこそ，こうしたやりとりを大切にしたいと考えている。集団の中だと混乱する，視覚刺激が多いと集中できない等と言われて，確かにそのような自閉症児もいないわけではないが，必ずしもそうではないとはっきりと言える。国語の授業においても，集団の中で関わることを避けてはいけないと思う。「関わる力を伸ばす」ことは一番コミュニケーション能力を高めることだと思うのだが，どうだろうか。

3　算数の授業

(1)　ねらい

学習指導要領における小学校算数科の目標は「算数的活動を通して，数量や図形についての基礎的・基本的な知識及び技能を身に付け，日常の事象について見通しを持ち筋道を立てて考え，表現する能力を育てるとともに，算数的活動の楽しさや数理的な処理のよさに気付

き，進んで生活や学習に活用しようとする態度を育てる」である。

特別支援学校学習指導要領における算数科の目標は「具体的な操作などの活動を通して，数量や図形などに関する初歩的なことを理解し，それらを扱う能力と態度を育てる」である。

「算数的活動」「具体的な操作などの活動」と，活動が重視されている。ただし，作業的・体験的な活動ばかりではなく，「算数に関する課題について考えたり，算数の知識をもとに発展的・応用的に考えたりする活動や，考えたことなどを表現したり，説明したりする活動」も「算数的活動に含まれる」（『小学校学習指導要領解説　算数編』）のである。主体的に考えさせることが重要視されていると言ってよいだろう。一言で言えば，まずは「数を理解し，数の世界で考えることができる」ことがねらいと押さえておきたい。具体的には，「A　数と計算」「B　量と測定」「C　図形」「D　数量関係」と4つの領域があるが，ここでは，「数と計算」に絞って記述する。

(2) 数の指導の系統性

算数という教科はかなりの個人差，発達差がある教科である。したがって，数の指導について，「ものがある・ない」という段階から分数や小数までの数の指導の系統性の表を作成し，実践の中で検証してきた。紙面の関係上，すべて載せることは難しいので簡単に系統性の表を記す。

0	ある・ない	8	5のかたまり	16	3つの数の引き算
1	未測量	9	10までの数	17	3桁の数
2	選択	10	足し算	18	かけ算
3	なかまあつめ	11	引き算	19	割り算
4	1対1対応	12	2桁の数	20	分数
5	3までの数	13	繰り上がりのある足し算	21	小数
6	0の世界	14	3つの数の足し算	22	分数と小数の計算
7	5までの数	15	繰り下がりのある引き算		

これを1つの考え方として実践を行ってきた。通常学級の算数とは違い，基本的に「行きつ戻りつ」の指導をしてきた。子どもによっては，3までの数をなんとか獲得したところで卒業，というケースもあったし，分数や小数までいった子もいた。それもある程度の「行ったり来たり」をした結果である。

この系統性の表が全て正しいとは思っていないが，やはり数の指導をするときに系統性を意識すべきだと思う。そしてこれは通常教育の算数においても同様である。

(3) どのように授業を展開してきたか

　筆者は，授業づくりの基本理念として次の5つを考えている。
① **子どもがおもしろいと思う授業を**…おもしろい授業・楽しい授業
② **みんなでいっしょにやる授業を**…一体感・共感のある授業
③ **課題が明確である授業を**…ねらいがはっきりしている授業
④ **丁寧に言葉を添える授業を**…概念化の手がかりとして「ことば」を大切にする授業
⑤ **満足感を得られる授業を**…学習したという手応えが感じられる授業

これは算数の授業においても同様である。そして算数の授業において，具体的にポイントとしてきたのは，
① 集団を大事にする…みんなでわかっていくことを大切にする。
② 操作活動を大事にする…障害の重い子にとって操作活動とは思考活動であり，軽度の子にとっては考えの確かめにもなる。
③ ストーリー性をもたせる…教科書を作り，キャラクターを作り，ストーリーを作っていく。その世界で遊ぶ中で，徐々に数の世界に入っていく。
④ 全体の流れと個別の学習…全体の流れは変えずに，その中で個別の課題を追求していく。

の4点である。
　いくつかの東京の障害児学級でもよく行われている算数の授業で『みっつかな？』（まついのりこ作，童心社〈紙芝居〉）というのがある。
　これは紙芝居で「くるるん」というタイルを擬人化したキャラクターが出てくる。同じものを3つ集めてくる「3あつめ」がこの物語の中心であるが，その「くるるん」のキャラクターを使って，さまざまな算数の学習教材（物語）を作ってきた。
　「くるるん」が1や2の数を教えてくれる「くるるんとビスケット」，「5くるるん」→「5タイル」，「10くるるん」→「10タイル」に「くるるん」を合体変身させてかいじゅうをやっつける「へんしんしてつよくなれ」（「5のかたまりの学習」）等である。
　また，ロボット「たすマン」が足し算を教えてくれる「たすマンとうじょう」，「ひーくまじょ」がりんごをとっていってしまう引き算の学習「ひーくまじょ」等のキャラクターを登場させたストーリーを通して学習をしてきた。
　授業の流れは，おおまかに，
① お話（ストーリー）を読む。
② お話を再現する（操作活動）。→実際に，黒板で，自分の机で，等
③ 一人ひとり操作活動をする。
④ まとめのプリントをする。

という流れでやってきた。

　「へんしんしてつよくなれ」のストーリーを再現することを操作活動で行うときに，ある自閉症児は，自分の机の上で，丁寧に1回ずつ再現していた。その操作活動を行っているときに，彼にとって，その意味（この場合は5くるるんを5タイルにする意味）を考える，あるいはそこに思いをはせることができていたのではないかと思う。

　また，違う子であるが，目の前で，くるるんがかいじゅうにやっつけられるシーンがやたらと気に入っていた。授業が進むにつれ，1くるるんから5くるるんまではかいじゅうにやっつけられる（5タイルにならないとかいじゅうには勝てないのである）ことに気がついて，そこまでワクワクして見ているようになった。ただ単に「5つ集まったら5タイルにする」ということを教えるのではなく，「5つのくるるんが共同して，合体して，そして変身して5タイルになる」ということが，5タイルの意味を考える際には有効であるのではないか，と体験的には思っている。

　最後のプリントは一人ひとりの子どもの実態に合わせて作成することが多かったが，最初はできるだけストーリーをイメージ（追体験）できるようなものを作成した。理解が進むにつれて徐々にキャラクターをはずし，数だけ，数式だけ，というように変えていった。

（4）　操作と理解と習熟

　これまで述べたように，算数の授業では操作活動を重視してやってきた。ところが実は，自閉症児の中には，ドリルは得意という子も多い。百マス計算等，ドリルを1冊渡しておけばひたすらやっているという子もいる。保護者からも「うちの子は2桁の計算ができます」などと言われたりする。しかし，だからといって数がわかっているかというとそうではなかったりする。

　極端な話，たとえば「3＋4＝」という問題に「3＋4＝7」という頭の中のカードが対応し，答えの欄に「7」と書いているかもしれないのである。そのような子は，「3＋4」と「○○○＋○○○○」が対応しなかったりする。「3つのりんごと4つのりんごがあります，ぜんぶでいくつでしょう」とか「3人の人がいました。あとから4人きました。ぜんぶで何人でしょう」ということが「3＋4」であることがわからなかったりする。

　「3＋4」の例で言えば，まずは「足し算の意味」ということをしっかりととらえているかどうかが問われる。足し算は「増えていく」「多くなっていく」というイメージをもっているかどうか，そのイメージがなく，単に頭の中でカードを対応させているようなタイプの子は「3＋4＝1」と書いても不思議に思わない。意味の理解がちゃんとできているかということを丁寧に見ていく必要がある。

　もう1つ例を挙げよう。「1対1対応」の学習である。

　ある自閉症児が，3つのお皿にリンゴを1つずつという課題で，リンゴの模型をお皿に1

つずつ置いていた。ところがあるとき，たまたまいつも使っていたリンゴの模型がなく，仕方なくいつもよりも小さいリンゴの模型を使って学習をした。筆者は当然できると思って見ていたが，そのときに彼は１つの皿に２個のリンゴを置いたのである。そして次の皿に１個，その隣には空の皿が１枚……。そのときに，彼は「１対１対応」（この場合は１つの皿に１つのリンゴ）を意識していたのではなく，ただ，リンゴを１個置いたらもうその皿にはのらなかったから，次の皿にのせていたんだな，とわかった。

　こうしたことも操作活動をする中で見えてくる。逆に言えば，どれだけそのことの意味をわかっているかをその子の操作活動を通して見取っていくことが必要なのである。安易な評価は禁物である。「10までの数唱ができる」からと言って「10までの数がわかる」とは言えないだろう。そうした慎重さが指導者には求められているのである。

　さらに算数では習熟ということがよく課題にあげられる。通常教育においても習熟をどうするかということで，ドリル学習やプリント学習，朝学習や宿題等，さまざまなことが工夫されている。

　障害児学級においても習熟という点では，ドリルやプリントを使うことが多いと思うが，筆者がよくやっていたのは，その子が満点をとれるプリントを多く活用する，ということである。その子の集中力と能力を考えて問題数も考える。極端な話，１枚のプリントに100題書かれていることもあるし，１題だけのこともある。これだと能力差のある子どもたちにとってもできる子は多く，できない子は少なくすることで調整ができるし，結果としては，「算数のプリントを１枚やった」ということでは同じになる。また満点が続くとうれしいものである。おおいに満点を出してやりたい。

4　おわりに

　知的障害教育において，「１カ月算数をやらなかったらすぐ忘れる」ということがよく言われてきた。実際に前述した実践の中で数を獲得していった子が中学に入りいわゆるプリントのみの学習だけを受けさせられて，数の概念が落ちてしまったという残念な結果もある。だから「算数をやるだけ無駄だ」と言われてしまうことも特別支援学級や特別支援学校の教育ではいまだにある。しかし，少なくとも，義務教育段階ではその子に応じた算数の授業を保障してあげたいと思う。そして，そうした考えが一人ひとりのニーズに応じた特別支援教育の考えにつながっていくのだと考える。

【参考文献】
・高橋浩平（2007）「算数・数学の系統性と教材開発」高橋浩平他編著『特別支援教育の子ども理解と授業づくり』黎明書房

・新井英靖・高橋浩平(2008)『特別支援教育の実践力をアップする技とコツ68』黎明書房

第5章

音楽・図工の授業を通して表現力を引き出す

1 音楽の授業

(1) はじめに

はじめにお断りしておくが，筆者は音楽の専門家ではけっしてない。特別支援学級において音楽の授業づくりをしてきたが，それは音楽を専門とする方から見ればある意味「間違っている」と言われそうな気がしている。

「そもそも『音楽』とは『作曲者の意図どおり，楽譜どおり再現する芸術』であるため，いわゆる『枠組み（楽譜）』に当てはまる中で創造され昇華されていく芸術とも言え，最初に『楽譜ありき』という『枠組み』が先に来る指導方法では，『SEN（特別な教育的ニーズ―筆者注）の子どもの多様な教育的ニーズ』には応えきれず，子どもたちにとっては『辛い音楽の授業』になってしまうことが想定されます」（根岸，2010）という言葉通り，筆者自身「枠組み（楽譜）」が先に来る指導を受けて，音楽の授業に対してあまりいい印象をもっていない。

そうした「枠組み」が先に来る指導からすれば，筆者の指導はかなり邪道な指導であると言われるに違いない。しかし，「自閉症児にとっての音楽の授業」の意味を考えたときに，自閉症の子どもたちとともに作ってきた実践が1つの参考になり得るのではないか，このことをどこかで記しておきたいとも強く思った。これが，今回この原稿を書こうと思った動機である。したがって，この評価については，読者の審判にお任せしたい。

(2) 自閉症児は音楽は嫌いか

まず，そもそも自閉症児には聴覚が過敏であったり，騒音や大きな音が嫌いな子がいる。そのため，音楽の授業の中で耳をふさぐ等の行動を示すことがあったりする。だから自閉症児は音楽は嫌いかというとそうではない。自分の好みの音楽はよく聴いたりするのである。音楽というよりも音の刺激に対して幅が決まっているというか，受け入れる枠が小さいというか，そんな感じではないだろうか。女性のかん高い声が苦手な自閉症児の話もよく聞く。あるいは電車のドアがしまる「プシュー」という音が大好きという子もいる。興味・関心の幅が狭いのだと考えたい。そして，その興味・関心の幅を無理なく，安心感をもって広げていくことが音楽の授業の大きなねらいになるのではないだろうか。

(3) 音楽の授業のねらい

では，そもそも音楽の目的とは何か。

小学校の学習指導要領によると「表現及び鑑賞の活動を通して，音楽を愛好する心情と音楽に対する感性を育てるとともに，音楽活動の基礎的な能力を培い，豊かな情操を養う」とある。

また特別支援学校の学習指導要領には「表現及び鑑賞の活動を通して，音楽についての興味や関心をもち，その美しさや楽しさを味わうようにする」とある。

その目的においては，筆者の実践も一致していると思う。しかしながら，実際の内容になると「表現」と「鑑賞」に分かれ，さらに「表現」は「歌唱・器楽（楽器演奏）・音楽づくり」となる。「範奏を聞いて楽器を演奏するとともにハ長調及びイ短調の楽譜を見て演奏したり，曲想を感じ取って曲想を生かした表現を工夫し自分の思いや意図をもって創造的に演奏したり，表現の支えとなる演奏の仕方を楽器の特徴を生かしながら身に付けたり，各声部の音や全体の響き，伴奏を聴いて，自分の音を友達の音と調和させて演奏したりすることが指導のねらいとなる」（『小学校学習指導要領解説　音楽編』）と言われると，とたんにかなりハードルの高い教科に感じてしまうのである。

(4) どのように音楽の授業を行ってきたか

＜最初の頃＞

教師として最初にスタートした学級の音楽は，タンバリンによる名前呼び，歌唱，リズム打ち，楽器演奏などが中心であった。まさに「これは『音楽』の授業です」という感じであった。ダンスなどもやっていたが，それは朝の会や学級活動の中で行われており，「音楽」の授業に入ることはなかった。

次の学校は歌を一曲歌ったら「音楽の授業終わり」というような感じだった。自分が音楽の授業をつくることになり，まず考えたのは「音楽（音やリズムやフレーズ）を楽しもう」ということだった。

子どもたちは何が好きで，何が嫌いかを見ていきながら，歌やダンスを中心に授業をつくっていった。最初の頃は，ジェーシーポルカの曲にのせて，身体模倣をするというのが流行った。まずは教師が手本を示し，頭，肩，ひざ，とやっていく。そのうちに子どもの中から先生役を選び，その子どもの動きをみんなでまねていった。参観していた自閉症児の保護者が「みんなが一体感をもってやっていて，とても感動しました」と言われたのが印象的だった。その後は「一体感」が1つのキーワードとなった。

ダンスは流行っているヒットソングを使って，オリジナルの振り付けを考えてダンスにした。その当時，自閉症児はアップテンポで縦ノリがいい，と感じていた。逆に言うと，自閉

症児がよくぴょんぴょん飛び跳ねている，そのリズムをそのままダンスにしたという感じでもあった。子どもたちの実態に合わせて，できる動作を組み合わせて振り付けを作った。子どもたちができるにつれて，複雑な動きも入れていった。

＜中期＞

いろいろな学級で，おすすめの曲等があると，それを積極的に取り入れていった。ケロポンズというグループの「エビカニクス」のダンスは学級の定番ダンスとなった。

数年後，音楽で研究授業をしたときに，講師の先生から「静と動をうまく組み合わせた方がいい」と指摘を受けた。徐々に山場になっていき，静かに収束していく，というイメージである。その流れにそって，「歌→身体模倣→ダンス→歌→鑑賞（曲に合わせて絵本や紙芝居を見る）」というような大まかな流れができてきた。

鑑賞は，「しんかんせんははやい」（中川ひろたか作，童心社）という紙芝居，「はらぺこあおむし」（エリック・カール作，偕成社），「できるかな」（エリック・カール作，偕成社），「月曜日は何食べる」（エリック・カール作，偕成社）等をやってきた。時には参加型という形にして，絵を貼っていく活動を子どもたちがやったりしてきた。NHKのみんなのうたの「象だゾウ」も本を紙芝居にして曲に合わせてやっていった。この曲も子どもたちは気に入っていた。授業を静かに終わるという点では「はらぺこあおむし」「にじ」（さくらいじゅんじ作，福音館書店），「誰かが星をみていた」（新沢としひこ，アスク・ミュージック）等が静かに終わる定番となっていった。

＜充実期＞

歌は学校の音楽集会等で歌う歌の練習もしたが，とにかく楽しい歌，いい歌を探してやっていた。「ウォーク」（新沢としひこ・中川ひろたか with ケロポンズ作詞・作曲，SONG RECORDS社〈CD〉）というCDの「こころのごはん」「カエルのギター」「世界のまんなかで」は，学級でよく歌った曲である。中川ひろたかさんの作品では，そのほかに「クリスマスオールスター」（「ピーマン村体操CDブック」収録）「さつまのおいも」などを季節に合わせて行ってきた。

また，「12月のうた」（クレヨンハウス社）のCDからも多くの歌を歌った。「はじめの一歩」「おはよう」「にじ」「誰かが星を見ていた」「バケツ100ぱいのなつやすみ」「ハミング」「カメの遠足」「サンタクロースはどこだ」等である。（この「12月のうた」のCDは，ある自閉症児にとってとてもお気に入りで，よくそのCDケースを持って歩いていた。）

ある程度パターンが決まってくると，子どもたちも安心して参加するようになった。歌も何回か練習すると，「あ，あの歌ね」というように子どもたちが覚えていて自主的に参加していた。また，筆者の学級では，嫌なときは別に参加しなくてもいいという了解があったので，自分が耐えられないと思ったときは，その場から離れてもよかった。このことは自閉症児の子にとってはかなり安心できる状況であったと思う。軽度の子が入ってきて「ダンスなんて

やりたくないよ」という場合でもそのルールがあったのでその本人も気楽でいられたようだ。自由な雰囲気，自分からどんどんやることが許される，という状況づくりが大事だと思っている。

　また，最初のうちは指導者が子どもたちに聞いてその日のメニューを組み立てて行ったのであるが，そのうち「先生役」をやる子が出てきて，先生になるのが1つのステータスのようにもなってきた。主体的に授業に参加するという意味では，これもかなり有効であった。また，「リクエストを聞く」「リクエストを言う」という中で，子ども同士の関わりが多く出てきたことも大きい。

　障害の重い子どもが多くいたときには，なかなか子どもたち自身が歌うことは難しかった。しかし，そのときはとにかく指導者が楽しく歌う，そうして歌う空間をともに共有するということが大事なのだと思っている。「歌えないからやらない」ではなく，「歌えなくても雰囲気を楽しめる」ようにもっていくことを心がけてきた。

(5)　器楽

　小学校に併設されている特別支援学級として，けんばんハーモニカはやっていきたいと思っていた。最初の頃はある程度力があり音楽ができる子どもは通常学級の音楽に交流として出し，通常学級の音楽の時間に器楽も行ってきた。学級の人数が増えて週に1時間は器楽の時間をつくることにした。能力別に3つのグループに分けて行った。

　グループの編成は，①譜面（色音符の譜面も含む）を見て演奏ができるグループ，②譜面（色音符が主）を見て，それに合わせて音が出せるグループ，③それ以外，とした。③のグループはまだ音が出せない子や，そもそも器楽自体がまだ難しい子がいた。筆者はこの③のグループを担当することが多かったが，音を感じ，音に合わせて体を動かす，いわゆるリラクゼーション的な活動や，息を吹くための練習で，風船やろうそくの火を消すなどの活動も行ってきた。音楽という「枠」にあまりとらわれないで授業を進めたのである。また，一方でベルハーモニー（たたくとベルが鳴る）を使って，簡単な曲を演奏するということも行った。

　1年間のまとめの学習会でグループごとに演奏を披露する。またNPO法人の協力を得て，音楽家とのコラボレーション授業で，一緒に曲を作り，それを演奏したこともあった。

　器楽に関しては，その子の能力に応じてきちんと学習を保障してあげたいと思う。特に自閉症児は器楽が得意な子も多く，ピアノ教室などに通って演奏することができる子もいる。そうした力を学校の中でも認め，披露する機会を作ってあげることが大切ではないかと思っている。ある自閉症の子はキーボードの操作を自分で獲得し自動演奏などと組み合わせながら演奏していた。そこで，通常学級の子どもたちがそうじにくる時間に演奏してもらい，通常学級の3年生の子どもたちに聞かせたら，大絶賛であった。次回に「○○くん，また演奏

して」と言われてうれしそうに演奏している姿が印象に残っている。

　器楽に関してはもう一つ指摘をしておきたい。よく音楽祭等，学校の行事などで演奏をする場面というのがあるだろう。そのときに，障害の重い子はたいていそばに大人がついて打楽器をやっていることが多いのではないか。できる子がメロディーを演奏し，できない子は打楽器にしていく，ということが当たり前のようになっているのではないかと感じるときがある。大人がつくならメロディを弾かせてもいいのではないか，必要な支援を保障できればやれるのではないか，と筆者は考えてやってきた。

　前述したベルハーモニーやトーンチャイム，箱木琴，音つみき等を使えば，障害の重い子どもでもメロディを演奏することができる。子どもたちの可能性を限定しないで考えてほしいと思う。どんな支援，どんな援助があればやれるかを考えてほしい。それが特別支援教育の考え方でもある。

　特に自閉症の子が，うまくコミュニケーションがとれない，指示が聞けないことを理由に打楽器にまわされていたりするとその子の能力をちゃんと使っていないなあと悲しくなる。子どもの日頃の行動や態度に惑わされずに，子どもの力の見極めというのをしっかりと指導者はやってほしいと思う。

(6) まとめ

　自閉症の子どもたちと音楽をやってきて，まずは「いやならやらなくてもいい」というスタンスでやってきたことがよかったかなと思っている。子どもたちがどんな曲はよくてどんな曲は駄目なのかがよくわかったからである。これは楽しい，と思う曲は何回もやって定番化し，流れを一定にし，安心感の中で授業を進めていった。

　一方で，マンネリにならない工夫もしていった。たとえば「しんかんせんははやい」の紙芝居の2番（ロングバージョンと最初は呼んでいた）で次々新幹線の写真を見せていったり，「はらぺこあおむし」を紙芝居でやったり，大型絵本でやったりと，同じ曲で，ちょっとだけ見せ方を変えてみる，やり方を変えてみるということを行ってきた。

　よく自閉症児は「環境の変化に弱い」と言われるが，少しずつ変化を加えることで，子どもたちの中にもそれを受け入れる余裕ができてきたように思う。少なくともそれでこだわるような子はあまりいなかった。ワクワク感，ドキドキ感を維持していくには，マンネリは禁物である。ぜひ書店やCDショップを渡り歩いて新曲を発掘してほしいと思う。また最近はインターネットの普及とともに，ほとんど検索が可能である。曲に困ったらそうした検索もお勧めである。

　筆者の学級で音楽の授業を参観してもらうと，「みんな楽しそうにダンスをしていますね」「子どもたちの表情が生き生きしてますね」「子どもたちが自分から動いてますね」等とよく言われた。それは子どもたちが作り上げてきた結果ではないかと思っている。

ぜひ，子どもたちが「楽しい」と感じるような音楽の授業をつくっていってほしい。

2　図工の授業

(1)　図工の目標

　小学校の学習指導要領によると図工の目標は「表現及び鑑賞の活動を通して，感性を働かせながら，つくりだす喜びを味わうようにするとともに，造形的な創造活動の基礎的な能力を培い，豊かな情操を養う」である。
　特別支援学校学習指導要領では「初歩的な造形活動によって，造形表現についての興味や関心をもち，表現の喜びを味わうようにする」とある。
　一言で言えば「造形活動を行うことで豊かな情操を養っていく」というところだろうか。

(2)　自閉症児にとっての図工の授業

　よく言われるのが，触覚防衛があり，粘土等に触れないというケースである。手先が不器用で工作が苦手というケースもある。しかし，「自閉症児は○○だ」というようにステレオタイプでモノを見ないようにしたい。ある程度，共通性があることは事実であるが，そこに必要以上にこだわることなく，あくまでも目の前にいる子どもの実態から出発したいと思う。
　図工における表現活動は大きく描画と造形（工作）に分けられると思うが，たとえば描画を苦手とする子どももいる。しかし好きなマークや文字などを何度も描いているのを見ると，果たしてこの子は描画が苦手なのか……と考えてしまう。たしかに，すぐに風景画などを描くことは難しいだろう。しかし描くことは苦ではないのだ。描くことを楽しませることが大事ではないかと思っている。
　その意味で，「やりたい」と思ったときにやれる環境があるかということは大切なことだと思う。学校現場ではなかなかそういうことができない場合があるが，たとえば休み時間等に自由に描いていい紙を用意しておく等のことはできるであろう。子どもが黒板に描く場合もある。これを「黒板に落書きしちゃダメでしょう」とするのか，「なかなかよく描けたね」とするのかで，ずいぶんと違ってくるのではないだろうか。
　筆者は，よくデジタルカメラで撮影をしていた。黒板やホワイトボードに描かれるのは，一瞬である。描いた本人がすぐ消してしまう場合もある。撮影してしまえばいつ消しても（消されても）いいのである。
　図工という時間に限定せずに，子どもの表現をどう伸ばすかという視点で学校の生活全体を見直したいと思う。また，そうした視点で子どもを見ていると，その子がどんなことが気になっているのかがよくわかるようになる。たとえば，「電車に乗ることが好き」といっても，

第5章　音楽・図工の授業を通して表現力を引き出す

それは，電車に乗る行為が好きなわけではなく，電車の自動ドアに貼ってあるシールが好きだったりということがあった。これも，その子が自動ドアの絵を描いてくれなければわからなかったことである。

　ある自閉症児で，看板づくりが好きな子がいた。たとえばカレーライスのルーの箱等を見ると，それを看板にしたくてたまらないわけである。飽きずに看板づくりをするので，さすがに学級の中で「いつまでも自由にさせていていいのか」と議論になった。そこで，看板づくりを許可するときは許可しているとわかるようにしておこうということになった。最初は「許可中」という名札を付けてやっていたが，そのうちその子は先生に「誰に許可をされてやっているのか？」と聞かれて「高橋先生」と言えばだいたい許してもらえるということに気づいて，筆者が許可もしていないのに，そうやってやり続けていた。

　あるときに筆者がたまたまその場面に遭遇し，「誰の許可を得てやっているの？」と聞くと，本人相当悩んだ挙句，「高橋先生」と言って「許可されてないでしょ！」と突っ込まれたということがあり，全貌が判明したのであるが，このエピソードを読者の方はどう思われるだろうか。自由にやらせすぎだと感じるだろうか。だが，この子は，そうした活動の中で，独特のタッチで描画を描くようになり，作品としてもおもしろいものを作り上げていった。そのことと看板づくりとは，深い関係があったと思っている。

　指先に絵の具がつくのがいやな子がいた。フィンガーペインティングなどは到底難しいと思われたが，あるときにその子も含めて6人の集団でフィンガーペインティングをすることにした。指導者間で「何が起ころうとも，とにかくNO（ダメ）とは言わない」「どんなものでも作品として認める」ということを共通理解して，「指を使って絵の具をつけて紙に描く」ということを子どもの前で手本として見せた後，それぞれ1枚ずつ紙を用意してやらせた。

　描画が得意な子は，自慢のロボットを丁寧に描いていた。絵の具の感触が好きな自閉の子は，さっさと指に付けてパッパッと紙に描いて「できた！」と叫ぶ。すぐに次の紙を用意してやる。点描のようにちょんちょんと絵の具をのせる子もいる。そのたびに，「おーこれはいいね」「みんな見て見て，こんなのもいいよ」等と声をかけていく。ロボットを描いていた子は，みんなと作風が違うのを見て，間違ったと思ったかあわてて描き直そうとしたが，「これも作品だよ」と言って，次の紙を渡した。そんな状況の中で，絵の具のつくのがいやな子はどうだったか。みんなの様子を見て，意を決したように自分で指先に絵の具を付けたのである。そして紙にちょんと。すぐ手を洗いに行っていたが，とても感動的であった。よく自閉症児は「やらなければならない」的な行動をすることが多いと言われているが，この場合は「（自分で）やってみよう」という気持ちで行動に移せたのではないかと思う。それを可能にしたのは，学級の自由な雰囲気，そのときの指導の状況，やっていることを否定されないことが要因ではないかと思っている。そうしたことを考えたときに，たんに図工の時間だけうまく表現しなさいと言ってもそれは難しいことではないかと思っている。表現力をつける

授業を生み出す要因は，その学級なりクラスなりの雰囲気が大きい要因ではないだろうか。

（3） どんな図工の授業をしてきたか

では，図工の授業で，どんなことをやってきたか。いくつか紹介したい。

① 染めもの

和紙を折って，絵の具に付けて染めていくものである。発達差があっても，作品的にはそれほど個人差が出ない。折り方によって模様のでき方に違いが出るし，使う色の種類や数によっても違いが出る。折って染めた紙を広げるのが大変な作業だが，そこは指導者がやってもいいと思う。子どもたちの自主性を重んずるあまり，その作業も子どもたちにさせて，作品を破ってしまったりということもある。もちろんできる子にはその作業をさせてもいいだろう。得意そうな子がいれば，他の子の作品を広げるのを手伝わせてもいい。

筆者の学級では，この折り染めをフィルムカバー等でファイルにコーティングして，一人ひとりオリジナルのファイルづくりを毎年行ってきた。和紙は折っていくにつれて厚くなるので，色水をしっかりと染めることに留意する必要はあるが，それほどの技能を必要としない。子どもたちも慣れてくるに従って手際がよくなる題材である。

② マーブリング

これも個人差があまり出ない題材である。市販されているマーブリング（カラー墨流し）を使って行う。スポイトでマーブリング液をたらすのに多少技能が必要だが，難しい子にはそこは指導者が行い，かき混ぜるのを子どもにやらせるのでもよい。画用紙をのせて写し取った後は新聞紙などに挟んでしっかりと水分をとることがポイントである。得意な子は手順がわかると自分でどんどんできるようになる。

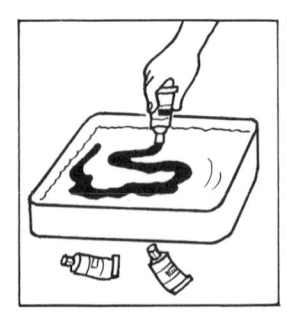

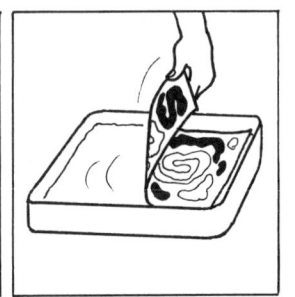

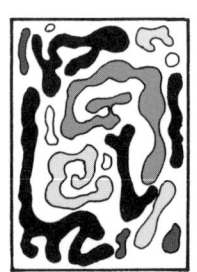

③ ひっかき絵のコラージュ

　15cm四方の紙を用意し，まず明るめの色を選んでクレヨンを塗り込んでいく。それから黒のクレヨンを上から塗っていく。その上からわりばしペン等でひっかき，絵を描いていく。細かく絵を描く子は描いていくし，ちょっとひっかくだけでも作品になるのがいいところである。これを12枚（3×4）並べてみると，ちょっとした作品となる。このコラージュは，ひっかき絵だけでなく，ストローでたらした絵の具を吹いて作品にする「吹き絵」や，スタンプをひたすら押す「スタンプ絵」等でも応用できる。また，子どもによっては，子どもが描く落書き的なものを集めてそれをコラージュにすることも可能である。

④ 壁面装飾

　15cm四方の白画用紙と色画用紙を用意して，その2つの紙を使って「どちらの紙を土台にしてもいいし，土台にしない紙をちぎっても切っても曲げてもいい」という形で作品づくりをする。「ちょっと曲げて貼るだけで終わり」という子もいるが，それでも作品になるのがこの題材のいいところである。これを模造紙にすきまなく貼っていくと共同の壁面装飾になる。「白と黒」「白と赤」「白と青」「白と緑」などいろいろな色で行える。やり方は同じなので，子どもたちは徐々に慣れてくる。また，どんなものでも作品になってしまうので子どもたちの達成感も大きい。子どもによっては1時間に30枚近くも作ってしまう子も出てくる。画用紙とのりだけあればすぐできる題材である。

⑤　おめんづくり

　発達差が大きいときに共通の課題としてやっていったのが「おめんづくり」である。簡単に市販のキャラクターのお面を作ってかぶって楽しんだこともあったし，お面の面芯を用意して，その上に紙粘土をのせていき，本格的なお面にしたこともあった。「目，鼻，口，耳」などのパーツや名称は共通理解しやすいものであるし，色を塗ることでその子なりのオリジナルな作品に仕上げることができる。また，自分の顔，友だちの顔，動物，オニ等，いろいろな形で応用できる。粘土嫌いな子は最初は指導者が代わりに声をかけながらやっていくのもよい。ビニール手袋をしたらできるようになったケースもある。あまり無理をせず，しかし何か方法はないかを模索していくことが重要であろう。

⑥　描画

　描画は，位置の把握や文字を書くことに困難をもつ子の場合，まず描くことそのものが難しいと考えるべきである。うまく描けないから苦手意識をもち，描くことを回避しようとする子も少なくない。そうした子にただ「描け描け」といっているだけでは，問題の解決にならないばかりか，ますます描くこと自体を嫌いにさせてしまう。

　そういう場合は，最初から大きな用紙を渡すのではなく，用紙を小さくしてみる。5cm四方，10cm四方の紙や，折り紙の大きさなどで描いていく。描くスペースが小さくなるだけでも心理的負担は減る。その子だけ用紙の大きさを変えるのは難しい場合は，全員の子に取り組ませてもよい。そうして描いた絵を先ほどの「ひっかき絵のコラージュ」や「平面装飾」のようにして大きな作品にすることもできる。

　また，写生画や「遠足の絵」「運動会の絵」などといった題材などでは，何をどう描いていいかわからなくなってしまうことが多い。写生画なら，そこにある1つのもの（たとえ

ば樹木，建物など）だけを具体的に指示して描かせる，「遠足の絵」ならば，どの場面を描くか①電車に乗っているときか，②ハイキングをしているときか，③お弁当を食べているときかなど，いくつか提示して，どの場面を描くか決めて描かせる，などの工夫が考えられる。この場合，写真を活用することをお勧めしたい。自分で考えて描くことは難しくても，写真をよく見て描くことは意外に気持ちに負担なく取り組めたりする。また，写真を薄くコピーして，それを下絵に使って描かせるという方法もある。ただ指示して終わりではなく，その子どもの状況を見ながら，無理をせず「どうやったら描けるか」工夫を重ねたい。

(4) 作品づくり

　図工における作品づくりというと，どうしても展覧会や作品展等に出す作品と普通の図工授業における作品は違う，と考える方が多いように思う。それは半分はそうだし，半分はそうでもない，と思っている。「子どもが作ったものはすべてその子の作品だ」という考えで言えばどんなものでも作品になるし，そうして展示されている作品を見ると，客観的にあまりにお粗末で「これはどうなんだろう」と思われることもあった。逆に「展覧会に出すからにはそれなりの作品を」という考えでやっていると，「この作品ははたして子ども本人が作ったもの？」と感じることもあった。筆者自身も，大人との共同作品的にやってきたこともある。
　指導者としては，難しい判断かもしれないが，少なくとも筆者自身は，展覧会等の場合は，その作品自体を最高の状態で見せることは工夫してきた。照明をつける，段差をつけて作品を見やすくする，作品を作っている経過を写真で撮り，作品の作り方を解説する等，そのような点が指導者としての腕の見せどころではないかと思っている。後は，展覧会などにどのような題材を用意するのか，指導者間でよく話し合うことが大事だと思う。特に小学校の場合，6年間というスパンの中でどんなことをやっていくか，という視点は必要である。描画だけでなく，紙工作，木工工作，ペットボトル工作など，ある程度のものをバランスよくやっていきたい。
　前述した折り染めやマーブリング等のように，毎年取り組むものもあるが，保護者やまわりから見て「また同じものをやっている」というようにはならないように，さまざまなものを入れていきたい。それは1つは，その子にとって，そのことが経験になるということである。木工を経験する中で，釘打ちが好きになり，釘打ちだけで作品を作ったこともあった。これなどは，経験しなければできなかったことの1つである。

(5) 道具を使う

　道具の扱いでは，どうしても道具の扱いが不器用だったり難しい子どもがいる。左利き用のはさみなどは一般的になったが，ちょっとした力で切れるはさみ，テープカッターなど，その子の状況に応じて使いやすい道具（支援ツール）を選んで使わせるということも1つの

方法である。そうした支援ツールもなく，一般的な道具では難しいようならば，最初は指導者のほうで手伝ってやるのもいいだろう。はさみやカッターで切るといった活動の場合，切る線を赤の油性ペンなどで見えるようにはっきりと書いてやることだけで活動がスムーズに行くこともある。「できなさ」を本人のせいにするのではなく，「どのような支援をしたら子どもが自分でできるか」を常に考えたい。

　もちろん刃物を使うときは安全面にも十分配慮したい。授業の最初に確認をして刃物を配る，配る際に注意事項を伝える，伝えるだけでなく図示や掲示などで，つねに注意事項が目に入るようにしておく，授業の終わりには刃物を回収し，数を数えて全部が回収できたか確認する，という配慮は事故を起こさないためにも必要なことである。小刀，彫刻刀，釘，のこぎり，金づち，針金などを使用する際に，十分配慮したい。

(6) おわりに

　子どもが意欲的になってきたときに，「ちょっと待ってね」「もうこれでおしまい」と言うことはないだろうか。筆者は，時間や場所の制約はあるが，できるだけ子どもの意欲を損なわないように意図してやってきた。折り染めやマーブリング等は，やりたい子には満足できるまでやらせたり，時には給食の時間になってもやり続けることもあった。「つくりだす喜びを味わう」とは，まさにそういうことではないか，と思っている。今の学校現場ではなかなか難しいことであることは承知しているが，指導者側の都合で子どもたちの意欲をそぐことのないようにしたいと思う。

　また，図工では意外と指導者の直接の支援がしやすいという側面がある。一緒に絵筆を握って塗り方を教えたり，色を塗る場所を指差しして指示したりといった直接的な支援が無理なく行える。そうした直接的な支援も効果的に活用し，何よりもその子に「図工が好きです」と言ってもらえるようにしたい。

【参考文献】
・根岸由香（2010）「『耳を澄ます』『音の変化を聴き分ける』ことを大切にした授業」篠原吉徳編著『学ぶ楽しさ」と「支え合う風土」のある学校づくり』明治図書出版

第6章

生活単元学習を通して人との関わりをふやす

1 はじめに

　特別支援学校においては,「領域・教科を合わせた指導」として生活単元学習が行われている。生活単元学習は,児童生徒が生活上の目標を達成したり,課題を解決したりするために,一連の活動を組織的に経験することによって,自立的な生活に必要な事柄を実際的・総合的に学習するものである(特別支援学校学習指導要領解説総則等編,幼稚部・小学部・中学部平成21年6月)。このように,生活単元学習の中では,一人ひとりの児童生徒が主体的に共に関わり合いながら活動に取り組めるような学習を設定している。

　本校(茨城大学教育学部附属特別支援学校)小学部では,生活単元学習において協働活動として「ものづくり」という単元を設定し,年間を通した学習に取り組んでいる。その中で,教師や友だちとの関わりをふやすことをねらった取り組みについて紹介する。

2 「ものづくり」の学習をつくる

(1) 教材を決める

　小学部高ブロック(4,5,6年生)11名(自閉症児5名を含む)という集団で,どんな「ものづくり」に取り組めるか,子どもたちの実態や興味関心などを考慮し,小学部教師全員でアイディアを出し合った。材料として手軽に調達できるかどうか,子どもたちが主体的に取り組むことができるかどうか,ただものをつくるのではなく,活動が人との関わりをふやすことにつながるかどうか,というようなことから,粘土やアイロンビーズを使って「マグネットを作ろう」という単元を設定することにした。

　粘土については,形成してからオーブンを使うこと,アイロンビーズについては,台に並べてからアイロンを使うこと,という日常生活で子どもたちが使う可能性のある器具を意図的に盛り込むために,使用する粘土を選択したり子どもたちが使いやすい大きさ・重さのアイロンやアイロン台を用意したりと,検討を加えた。

　さらに,授業として取り組み始める前に実際にやってみることで,子どもたちが本当に粘土の型抜きができるのか,アイロンビーズを並べることができるのかなど,マグネット作り

と子どもたちの実態がうまくかみ合うかどうかを検討した。その結果,「マグネットを作ろう」で使用する教材を粘土とアイロンビーズと決め,その他,授業を進めながら必要に応じて個に応じた教材・教具を準備していくことにした。

(2) 環境を整える

本校の多目的ルームは40畳程度の広さで,11名の子どもたちが協働で活動する場所としては適当だと考えられた。多目的ルームを2つに分け,流しのある方を粘土グループとした。

(3) 学習の流れをつくる

学習の始めには,子どもたちのやりたいという気持ちを引き出したいと考え,毎回粘土グループとアイロンビーズグループを各自選ばせるようにした。学習が始まるときには,2人で持ちやすい長机を用意し,友だち同士で机を運ぶという活動を取り入れた。おおよその学習の流れについては,「授業の展開(1)」(表6-1参照)に示してある。

表6-1　授業の展開(1)

活動内容	指導・支援上の留意点
1　はじめのあいさつをする 2　活動を選ぶ 3　グループに分かれて活動する 　①　粘土グループ 　　粘土を広げる→型抜きをする→ 　　色を塗る→オーブンで焼く 　②　アイロンビーズグループ 　　好きな見本を選ぶ→台にビーズをのせる 　　→アイロンで固める 4　できた作品を見合う 5　終わりのあいさつをする	・自分の顔写真をはることでやりたい活動を選ぶことができるようにする。 ・友だちと一緒に机が運べるように,持ちやすい机を用意し,うまく誘導する。 ・粘土グループでは,子どもが自分から活動に取り組めるように,実態に合わせた活動を用意する。 ・アイロンビーズグループでは,たくさん見本を用意することで,作りたい気持ちを引き出す。 ・まとめとして,グループごとにできた作品を見合い,次時につなげる。

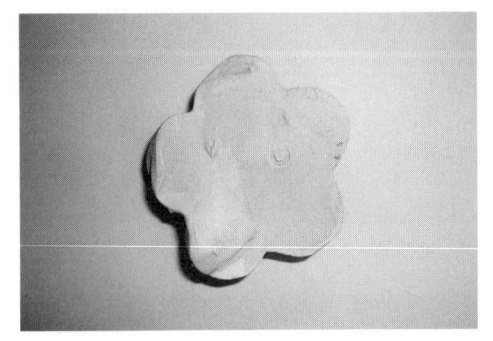

写真6-1　粘土の作品

写真6-2　アイロンビーズの作品

粘土グループ
① 粘土を広げる　棒で粘土をたたく

② 型ぬきをする　クッキーの型を使って広げた粘土の型ぬきをする

③ 色を塗る

④ オーブンで焼く

アイロンビーズグループ
① 好きな見本を選ぶ

② 台にビーズをのせる

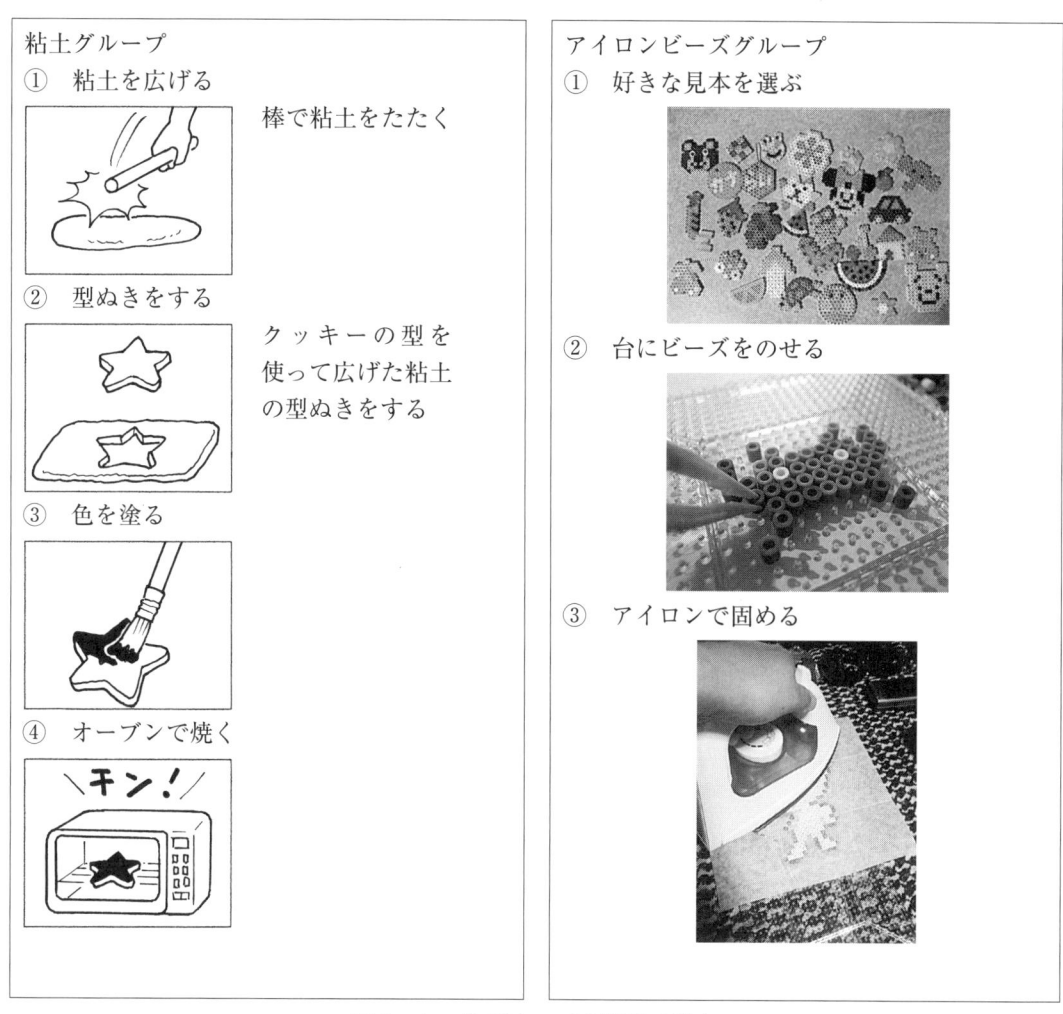

③ アイロンで固める

図6-1　各グループの活動の流れ

(4) 実践上の問題点を検討する

　授業を始める前に子どもたちの実態をとらえていたとはいえ、実際に11名の子どもと5名の教師で学習を進めていくと、さまざまな問題が生じた。子どもたち全員がこの活動に取り組むことは難しく、活動に取り組めない子どもに新しい活動を考える必要が出てきた。また、いつも同じ活動だけ選んでしまう子どもや、自分では活動を選べない子どもに対する支援をどうするかという点について、検討する必要が出てきた。

　アイロンビーズグループでは、作りたいものを見本として提示することで、子どもたちが自分で選んで活動に取り組むことはできたが、40分の学習の中で完成できない子どもが多かった。また、活動の流れがうまく作れず、ただ1人でビーズを並べているというだけになってしまい、子ども同士の関わりにつなげることが難しかった。

　粘土グループでは、粘土棒を用意して粘土を広げる活動と型抜きをする活動、色を塗る活

動，オーブンで焼く活動という流れをつくり，子どもたちの気持ちを大切にしながら実態に合わせて活動に取り組ませるようにした。しかし，40分の学習の中で，一連の流れが終わらないため，また，広い場所で部分的な活動だけに参加しているため，子どもたちが学習自体に見通しをもてないだけでなく，教師も全体を見て指導することが難しく，子ども同士が関わる場面をつくるところまで至らなかった。

　以上のような問題を抱えながら，5月から7月まで日々工夫を加え学習に取り組んできたが，やはりもう一度授業全体について検討する必要があると考えられた。粘土とアイロンビーズを使ってマグネットを作ることについては，子どもたちが興味を示していること，それぞれのグループでの活動が明確になり見通しがもてるようになってきたことから，このまま同じ教材を使って学習を続けてもいいのではないか，と考えた。また，活動に取り組めない子どもについては，粘土やアイロンビーズをのせる台紙を作る活動を設定することで，活動に取り組めないという問題を解決できると考えた。

　環境については，多目的ルームは広すぎるのではないかということ，また11名という集団は大きすぎるのではないかということがこの学習自体の大きな問題点として取り上げられた。そこで，通常の教室を2つ使うことと，子どもたちの実態を考慮して6名と5名の2つの固定した集団に分けること（担当となる教師も3名と2名に分ける）で取り組んでいくことにした。

　授業の流れについては，マグネットを作ることだけに終わるのではなく，学習の中で子ども同士が関わる場面を意図的につくることができるように，各グループで再検討していくことにした。そして，実践を進めながら互いのグループのよい点を学び合ったり問題点を検討し合ったりすることで，情報交換を密にし，よりよい授業づくりにつなげていくことを確認した。ものづくりの活動や流れがある程度決まらないと，その活動を通した子ども同士の関わりという場面を意図的に設定すること，見取ることは難しいということを感じ，活動の先にある関わりを深める実践につなげていきたいと考えた。

3　「ものづくり」の学習を深める

(1)　アイロンビーズグループ（自閉症児3名，ダウン症児1名，知的障害児1名）

①　環境を整える

　危険回避のためアイロンをかける場所だけ壁際に設定し，他の子どもたちは，友だちの様子も見ることができるように机を向かい合わせるようにした。また，ビーズを並べる子どもたちが，1つの形を早く作り上げられるように，台の上に小さな三角の枠をはるようにした（写真6-3）。アイロンをかける場面では，台の上にさらにちょうどよい厚みの板をのせる

ことで均等にビーズに熱が伝わるようなアイロンがけ用の台を作るなど補助具を用意した（写真6-4）。また，ビーズだけで作るのではなく，フェルトをビーズの作品と同じ形に切る活動を取り入れ（写真6-5），さらにはビーズの作品とフェルトを合わせることで，立体的な形にすることができるようになった（写真6-6）。

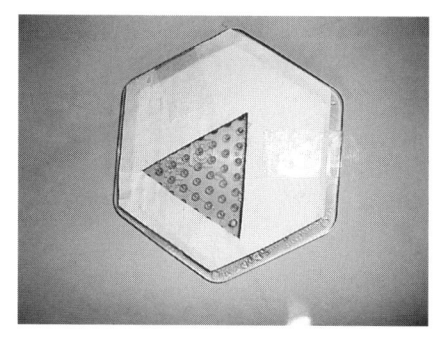

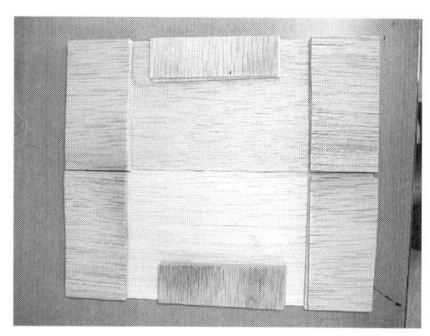

写真6-3　改良台　　　写真6-4　補助具（アイロンがけ用）

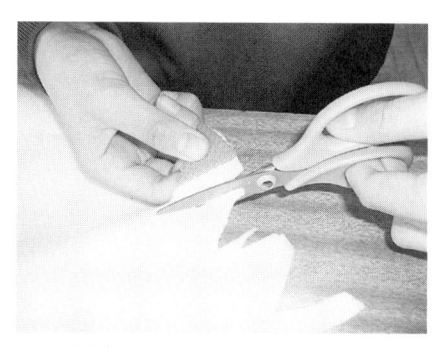

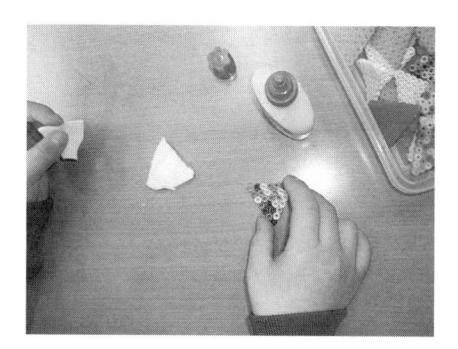

写真6-5　フェルトを切る　　　写真6-6　パーツを組み立てる

② 授業の流れを整える

　ビーズを並べたものを子どもが1人で運ぶことは難しいため，教師が補助をし，アイロンをかける友だちのところへ運ぶことができるようにした。また，ビーズの作品をストックしておくことで，並行してフェルトと合わせる活動をすることができた。ビーズ作りと組み立ての活動の流れは，図6-2に示した。

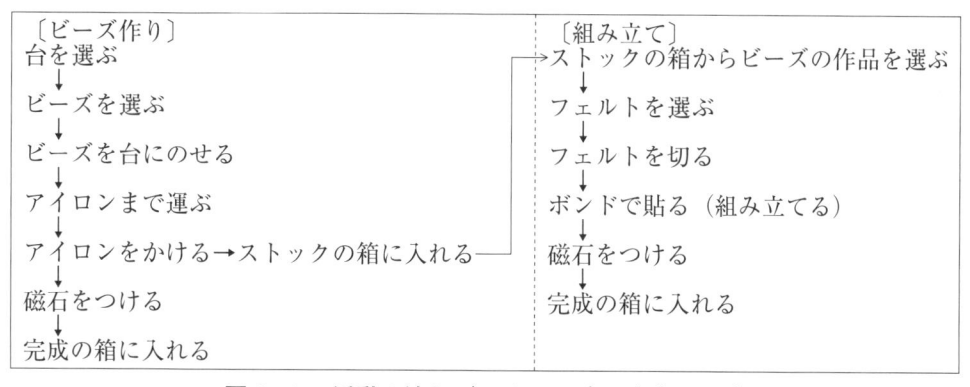

```
〔ビーズ作り〕              〔組み立て〕
台を選ぶ                  →ストックの箱からビーズの作品を選ぶ
  ↓                        ↓
ビーズを選ぶ               フェルトを選ぶ
  ↓                        ↓
ビーズを台にのせる          フェルトを切る
  ↓                        ↓
アイロンまで運ぶ            ボンドで貼る（組み立てる）
  ↓                        ↓
アイロンをかける→ストックの箱に入れる─┘
  ↓                        磁石をつける
磁石をつける                 ↓
  ↓                        完成の箱に入れる
完成の箱に入れる
```

図6-2　活動の流れ（アイロンビーズグループ）

③ 少しずつ関わる場面をつくる

　ビーズ作りの中に関わる場面をふやしていくことは難しく，むしろ活動に没頭するという様子が見られた。ビーズを台にのせた後の場面では，決まった言葉の書いてあるカード（「○○さん，お願いします」「はい，わかりました」など）を用意することで，アイロンをかける友だちに自分から「お願いします」と言葉をかける，「はい，わかりました」とビーズをもらう，という関わる場面が設定できた。しかし，このような場面設定では，決まった言葉を覚えて言うというやり方を覚えていくだけで，友だちに向かって言葉を発するというような人を意識した関わりにつなげていくことは難しかった。

　他のエピソードとして，アイロンをかける活動を2人（自閉症児とダウン症児）が希望し，「どうする？　順番にやる？」という教師が投げかけをしても，2人ともどうしてもやりたいと言いはる場面があった。結局はじゃんけんで決めて順番にやることになったが，今までなら友だちがやりたいと言えば，すぐ自分の気持ちを抑えていた自閉症児が，ただ泣くのではなくどうしてもやりたいという気持ちを何度も友だちに伝える姿が見られた。

　また，並行して行ったパーツを組み立てる場面では，自閉症児とダウン症児と一緒に組み立てる場面をつくることで，さまざまな関わりが出てきた。「こっちがいい」「やだ，こっちがいい」と言い合う場面や「かわいいね」と伝える場面も見られた。

(2) 粘土グループ（自閉症児4名，ダウン症児1名，肢体不自由を伴う知的障害児1名）

① 環境を整える

　子どもたちが活動全体を見渡せるように，机を向かい合わせて並べるようにした。粘土をたたいてこねて柔らかく広げる活動をする子ども（1名），教具（写真6-7参照）を使って決まった厚さに粘土を広げる活動をする子ども（1名），型抜き（写真6-8参照）をする子ども（自閉症児2名），色を塗ってドライヤーで乾かす子ども（自閉症児1名）というように子どもが取り組めるような固定した活動を決め，順番に並んで座らせた。台紙を作る子ども（自閉症児1名）については，粘土作りには直接関わらないが，そばで台紙を作る活動に取り組めるようにした。この子どもの作成した台紙については，マグネットを組み立てる場面

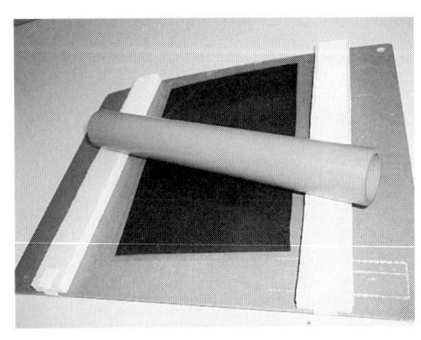

写真6-7　粘土を平らにする教具　　　　写真6-8　型抜き

で粘土をのせる台として使う。

② 授業の流れを整える

　台紙作り（写真6-9）をする子どもについては，その子のできる活動から，おはながみをちぎり，適当な大きさに切ったのり付けパネルにちぎったおはながみをはり，水溶きボンドを塗って固めるという活動を，教師と一緒に取り組ませることにした。並行して，他の5名は，固定した活動に取り組みながら，教師が意図的に促したり言葉をかけたり，子ども同士で関わる場面をふやしていった。学習の最後には，色を付けた粘土をオーブンで1分だけ焼き，できあがったことを全員で確認することで，1時間ごとに達成感をもてるように工夫した。授業の流れは，「授業展開（2）」（表6-2参照）に示してある。

写真6-9　台紙

表6-2　授業展開（2）

活動内容	指導・支援上の留意点
1　始めのあいさつ 　・学習の流れの確認 2　マグネット作り 〔粘土〕 粘土をこねる→粘土を広げる→ 型抜きをする→色を塗る→乾かす 〔台紙〕 おはながみをちぎる→のり付けパネルにはる →水溶きボンドを塗る 3　片付け 4　粘土を焼く 5　まとめと終わりのあいさつ	・机を並べて準備することで，自分の場所がわかるようにする。 ・すぐ自分の活動に入ることができるように下準備をしておく。 ・粘土を広げる，型抜きをする，乾かす（ドライヤーを使う）場面では，子どもの実態に合わせた教具を使用する。 ・次の活動の友だちに，自分から粘土を渡せるように，促したり言葉をかけたりする。 ・台紙作りでは，教師が示したおはながみに子どもが気付き，自分からその一部を持って引っ張ることができるようにする。 ・自分の使った道具を洗ったり残った粘土などを決まった場所に片付けたりできるように支援する。 ・オーブンで焼き上がりを知らせるチャイムを聞き，できあがった粘土を見ることで，できあがったことがわかるようにする。

③ 少しずつ子どもの活動を変える

　活動がはっきりしてきたところで，関わりを広げるために，固定していた活動を少しずつ変えることにした。自閉症児同士では，機械的にものを渡すだけになってしまうことが多く，なかなか関わりを広げることが難しいことから，自閉症児と自閉症児の間にダウン症児を座らせるというような配慮をすることで，関わりをふやすことができるのではないかと考えた。

「〇〇くん，粘土ちょうだい」と教師ではなくダウン症児が自閉症児に声をかけることで，友だちを意識し，自分から活動し始めることができる様子が見え始めた。

④ マグネットのパーツを組み立てる活動場面をつくる

粘土を使った制作場面では，意識がどうしても作ることに向いてしまい，関わる場面がふえないという反省から，制作する場面だけでなく，粘土で作ったものを台紙にのせ，磁石をつけるという組み立て場面を設定することにした。

図6-3のA，B，C，Eの4名が自閉症児である。Dはダウン症児，Fは肢体不自由を伴う知的障害児である。子どもたちが活動の流れを理解すると，少しずつ教師は子どもから離れ，子どもに任せるようにしていった。

BはAに働きかけないと活動が進まない，やらなければならないと思う自閉症児Bは，声を掛けたり見えるところへ磁石を提示したりと，何とかして両面テープの裏テープをはずしてもらおうとする（①）。やっとAがはずす（②）と，Bはそれを受け取り台紙につけ，さらに磁石のついた台紙をDへ渡す（③）。

Dは台紙上面のちょうどよい場所にボンドをのせて，Cに渡す（④：図6-4）。Cに声をかけながら粘土をのせるように促す。Cは粘土をのせると，それをさらにDに戻し（⑤：図6-5），Dは粘土の上にボンドをのせてEに渡す（⑥）。

Eは粘土の上にさらにスパンコールをのせて装飾し（色づけした上にさらにスパンコールをのせる），Fに渡す（⑦）。しかし，Fはなかなかそれに気付かなかったり完成台まで運んでもなかなか戻ってこなかったりするので，自分で完成台に持って行く（このような場面では，Fに働きかけるように教師が促す）こともあるが，仕方なくFが戻ってくるのを待ったり，Fの手のひらに無理にのせたりと，さまざまな関わりが生まれてきた。

以上のようなことを繰り返しているうちに，このパーツの組み立て活動は，ほとんど教師が入らなくても，児童同士で関わりながら活動できるようになった。

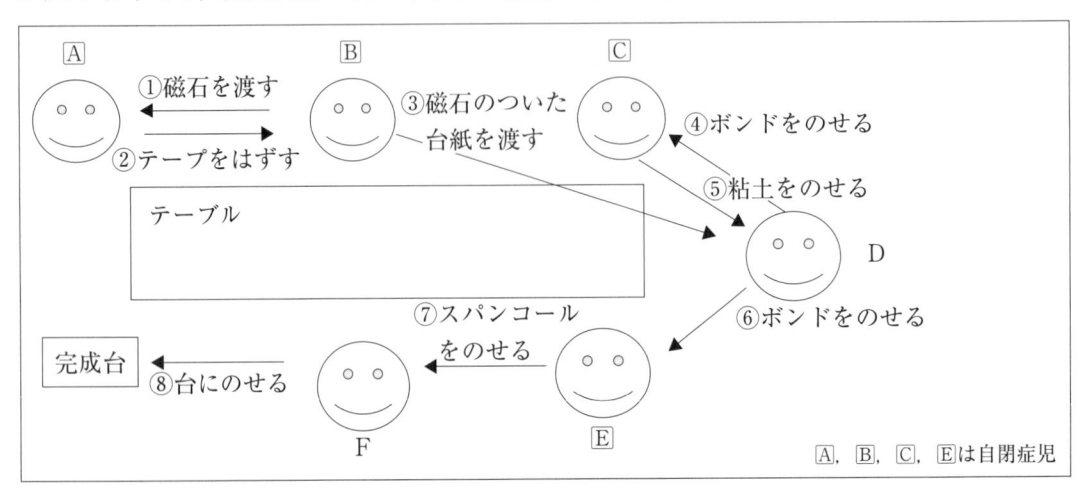

図6-3　学習の流れと配置図

図6-4　　　　　　　　　図6-5

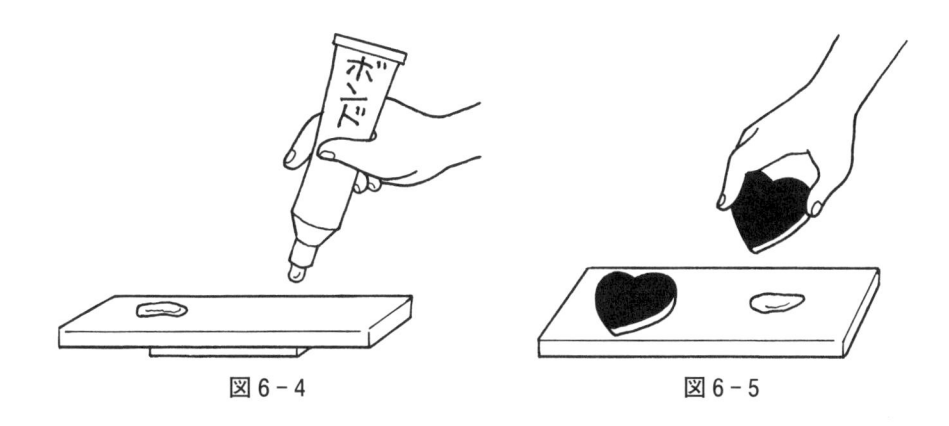

4　「ものづくり」の学習で人との関わりをふやす

(1)　学習における児童の変容

　アイロンビーズグループにおいては，活動に没頭する場面が多く子ども同士が関わる場面を設定することは難しかったが，アイロンビーズによる制作自体に興味をもつ子どもが多く，やりたい気持ちを尊重することで，どうしてもやりたいと友だちに伝えるという姿が見られるようになった。しかし，友だち同士で関わるという広がりは，限られた言葉によるものにとどまり，さらに検討が必要だと考えられた。

　粘土グループにおいては，粘土を形成する場面と組み立てる場面を分けることで，組み立てる場面では，さまざまな子ども同士の関わりが見られるようになった。たとえば，広げた粘土を渡そうと手を伸ばしている様子を見て，自分から受け取り，さらに型抜きをした粘土を隣の友だちに渡すという一連の活動の中で，自分から友だちに向かう姿が見られた。このように，一連のものづくりの活動がわかる自閉症児は，この友だちにやってもらわなければ活動が進まないという状況の中で，何とかして友だちに働きかけようと考えて関わるという場面が見られるようになった。

　また，学習が始まる場面では，決まった席に着く場面で，自閉症児が，隣にいつも座っている友だちが来るのを待ち，教室に入ってきたことに気付くと，名前を呼んで座らせるという姿が見られた。自閉症児が少しずつ人を，友だちを意識し始めたと言えるのではないかと思う。

(2)　ものづくりにおける関わりとは

　本校小学部では，生活単元学習の年間を通した単元として，マグネット作りというものづくりの学習に取り組んできた。最初は，集団が大きく場所も広く，さらに活動も試行錯誤を

続けながら授業を展開したことから，人との関わりという視点をもった指導ができなかった。検討を加えた結果，集団と場所を小さくすることで，環境が整うだけでなく，学習の流れも整えることができた。このように，環境と学習内容・流れが整うことで，ただものづくりをするというだけでなく，子ども同士の関わりをねらった授業を展開することができた。環境や学習内容・流れを整えることは，第一段階として重要なことだと考える。

　続いて，子ども同士の関わりをふやすということについて考えてみたいと思う。

　アイロンビーズグループも粘土グループも，活動自体に興味をもち，子どもたちはものづくりに没頭することができた。このようにものづくりに取り組むためには，活動自体に興味をもち，没頭することができる教材を用意することが重要である。

　さらに，人との関わりをふやすために，私たちはパーツを組み立てる活動を取り入れることで，子ども同士のやり取りができるようにした。アイロンビーズグループでは，言わせたい言葉をカードに書いて提示しておくことで，決められた言葉を発することはできたが，それは書いてある文字を読んだだけのものとなり，友だちを意識して生まれた言葉にはならなかった。しかし，粘土グループでは，一定の活動の流れの中で，自分で考えて行動を起こさなければ，活動が進まないという状況をつくるだけで，教師は見守り助言をしながら待つようにした。

　自閉症児は，決められたことをいつもと同じやり方で行うことは得意だが，自分で言葉を考えたり人を意識したりすることが苦手である。そんな自閉症児にとっては，活動をやりたいという気持ちから，自分から友だちにさまざまな方法で働きかけ，結果的に関わりながら活動することができたのではないかと考える。

　このように，教材や環境を整え，友だちに働きかける状況を設定し，時には助言をしながら教師が見守ることで，ものづくりを通して人との関わりをふやし，友だちとの多様な関わりをもつことができるようになったのだと考える。

第7章 自立活動を通してコミュニケーション力を高める

1 コミュニケーション力とは

(1) 自閉症の障害特性について

　自閉症は，医学的にその原因がはっきりと解明できていないので，その行動の特徴から定義される症候群だとされている。その特徴は①対人的相互反応における質的な障害（対人関係の障害），②意思伝達の質的な障害（コミュニケーションの障害），③行動，興味及び活動が限定され，反復的で常同的な様式（想像力の障害）を有することの大きく3つであるとされている（三つ組の障害）。

　以上のような定義から，自閉症の障害特性は，「人と関わること」つまり広い意味での「コミュニケーション」に困難さを抱えやすいということが言える。このような自閉症の障害特性は，自閉症の子どもたちと直接関わったことのある人ならば，実感をもって理解できるのはないかと考える。

　自閉症の子どもたちは，ひとりで自分の好きなことをしているときには情緒的にも安定して，集中して活動することができるが，集団の中で行う活動や周囲の人と協力して行うような関わりのある活動の中では，情緒的に不安定になったり，うまく活動に参加できなかったり，時には逸脱行動をする場面が見られる。

　自閉症の子どもたちと接していると，彼らの支援者として，「もっと彼らの気持ちや考えていることを理解したい」とか「もっとこちらの言っていることを理解してもらいたい」，「うまくコミュニケーションがとれるようになりたい」という思いを強く感じることが多い。人間が社会的な生き物で，人と関わりながら生きていく存在であるならば，自閉症のこのような障害特性は，まさに「生きにくさ」であると言うことができるかもしれない。

　そのような背景の中で，自閉症の子どもたちの「人と関わる力」を育てるためには，どうすればよいのだろうか。

　そのために，「人と関わる力」の中核として「コミュニケーション力」を位置づけ，組織的に支援することが必要であると考えた。それは，コミュニケーション力が向上すれば，周囲の人と良好な関係を築き，安定して活動することができるようになり，関わりの質が向上すると考えられるからである。ここで留意しなくてはならないのは，「コミュニケーション力」

を育むための支援とは，たとえば「この授業のときだけできる」といったような特定の条件のもとではなく，日常生活で活用（般化）できるようにすることを目標とすべきであるということである。前述した自閉症の障害特性には，③「想像力の障害」とあるように，自閉症の子どもたちは，特定の行動を単純なパターンとして学習してしまうことが多いので，「般化」という視点をもって日々の実践に取り組むことが特に重要であると考える。

(2) コミュニケーションとは

① コミュニケーションのための意思伝達方法の確立を

コミュニケーションとは，一般的な理解としては「人と人とが何らかの手段（音声や文字，ジェスチャーなど）を用いて，情報を交換したり，自分の感情や意思などを伝達するプロセス」であるということができる。このような理解から実践を始めると，どうしても自閉症の子どものコミュニケーションを行う上での「意思伝達方法の確立」（ツールの確立）という点に注目がいきやすい。確かに自閉症の子どもたちの情報処理の過程は独特の傾向があり，通常に行われているコミュニケーション方法ではお互いの意思疎通がうまくいかないことが多い。そこで，自閉症の子どもたちに「わかりやすい情報の提示の仕方」（入力）や「答えやすい答え方」（出力）をコミュニケーションのためのツールとして体系化して，確立することはとても大切なことである。

② コミュニケーションのベースにある人と人との関係性

しかし，そうしたツールを身につけることだけで，コミュニケーション力の育成が図られるのかという点については疑問が残る。コミュニケーションとは「人と人との間」に起こるものである。しかし，抽象的な「人と人」というものは現実には存在しない。実際のコミュニケーション場面においては「人」と「人」とは，具体的には「自分」と「相手」ということである。そう考えるならば実際のコミュニケーション場面においては「相手」が変われば（言い換えれば「自分」と「相手」との「関係性」のあり様によって），コミュニケーションは形や質が変化するということである。

抽象的な理解では「コミュニケーション」とひとくくりにされてしまうものも，実は，実際のコミュニケーション場面では「自分」と「相手」との「関係性」において，多様な形や質のコミュニケーションが行われているということである。私たちも，日常的に，家族，友人，上司など「相手」との「関係性」によって，コミュニケーションの形や質を変えている。つまり，コミュニケーションを考える場合には，その基盤（ベース）となる「関係性」も同時に考えていかねばならないということである。

③ 求められる関係性とは「安心と信頼」

それでは，コミュニケーション力の育成を担う支援者である私たちと子どもたちとの間に求められる「関係性」とはどのようなものであろうか。それを簡単に表すならば「安心と信

頼」であろう。まず、「安心」できる関係（「相手」が安心できる存在）でないと子どもたちは自分の意思を伸び伸びと表現しようとは思わない。たとえば、子どもたちから「この人は傷つけない」とか「この人とコミュニケーションをとりたい」と思われることが大前提である。そして、自分の意思を表現したとしても、それに適切に応答してくれない相手に対しては、しだいに自分の意思を表現しようとしなくなるであろう。子どもたちから「この人は、私の言うことに耳を傾け、応じてくれる」とか「困ったときには、必ず助けてくれる」と思われるということである。

つまり、相手の気持ちに適切に応答する「信頼」できる関係が「基盤」（ベース）として確立していないとコミュニケーション支援はうまくいかないであろう。身近な支援者との、そのような「安心と信頼」をきちんと充分に経験しておくことが、後に子どもたちが人間関係を広げていくための土台となるのであろう。

そこで、ベースとなる「関係性」形成のあるべき形を「安心と信頼」の関係として位置づけたい。つまり、「コミュニケーション力」の育成を図るためには、「安心と信頼」の関係性の形成というベースの上に、ツールとしての「意思伝達方法の確立」がなされるという構造になっていると考えられる。このような「基盤」（ベース）としての「安心と信頼」の関係性の形成という問題は、障害のあるなしにかかわらず重要な要素であるが、自閉症の子どもたちにとっては、一層の重要性を増すと言える。

前述したように、自閉症の障害特性は「人と関わること」に困難さを示すものであるので、幼児期から周囲の人とのそのような関係性の形成が困難になる傾向がある。そのため、自閉症の子どもたちのコミュニケーション力の支援というものを考える際には、「安心と信頼」関係という「基盤」（ベース）の確立を特に重視する必要がある。

④ 「安心と信頼」を築くために配慮すること

自閉症の子どもたちと、この「安心と信頼」の関係性を形成するためには、その障害特性ゆえに配慮すべき点がいくつかある。まず、自閉症の子どもたちの意思の発信は微弱であったり、場合によっては独特の方法で発信を行うこともあるので、受け手の読み取りがとても難しい。そこで、表情やしぐさなどの微妙な変化などを適切に見て（感じ）取り、その奥にある気持ちや意図を的確に把握して、応答していくことが重要である。

知的な遅れのある場合には、言語による意思の疎通も困難であり、より一層、支援者の微弱な変化も察知する感受性と適切な応答が重要になってくる。このような支援者の「感受性」や「適切な応答」が重要となってくると考える。

これらの「適切な応答」は、マニュアル化することが難しい。言うまでもなく、応答は、一人ひとりの子どもによっても違うし、場合によっては同じ子どもであっても、その状況によって意味が異なる場合もあり、「ハウ・ツー」式にマニュアル化することが難しい。受け手である支援者にとって必要なことは発信者である子どもの気持ちや意図を表情や身体の変化

やその状況や文脈に応じて適切に察知する「感受性」である。

⑤ コミュニケーションの学習に適した教室環境の整備

次に，自閉症の子どもたちは，環境の変化に対して柔軟に対応することが難しい（想像力の障害）と言われているので，コミュニケーションの学習に適した形に教室環境を整備（構造化）することが必要である。余分な情報のない整理された学習環境を整備することがまず必要である。また，コミュニケーションの学習の最初の段階では，複数の相手とコミュニケーションをとるようなやり方は自閉症の子どもたちにとって過度のストレスになることが多いので，相手を固定するなど自閉症の子どもたちにとって環境の変化が過度の緊張につながらないように配慮することが必要である。スケジュール表などを利用して，学習のはじめと終わりを明確にして「見通し」をもたせることも情緒的に安定して集中して学習に取り組むために重要である。

以上をまとめると，コミュニケーション力を高めるためには，「ツール支援」としての意思伝達方法の確立と「ベース支援」としての「安心でき信頼できる」関係性の形成という2つの側面から支援をすることが重要であると考える。どちらの支援を行う場合にも，自閉症という障害の特性に配慮することも不可欠である。

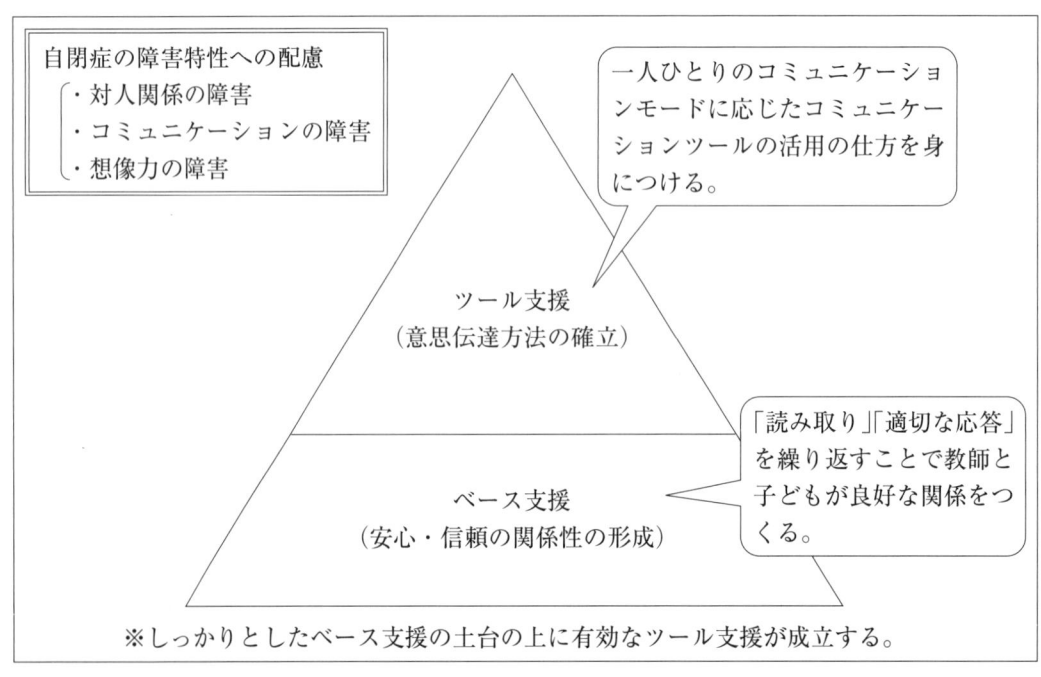

自閉症の障害特性への配慮
・対人関係の障害
・コミュニケーションの障害
・想像力の障害

ツール支援
（意思伝達方法の確立）
　一人ひとりのコミュニケーションモードに応じたコミュニケーションツールの活用の仕方を身につける。

ベース支援
（安心・信頼の関係性の形成）
　「読み取り」「適切な応答」を繰り返すことで教師と子どもが良好な関係をつくる。

※しっかりとしたベース支援の土台の上に有効なツール支援が成立する。

（上記の「ベース」と「ツール」を組み合わせた支援方法については，茨城大学教育学部附属特別支援学校中学部の研究成果を参考にした。【参考文献】の岡本ほか（2009）参照。）

2　自立活動の指導の考え方と方法

(1)　自立活動の指導とは

　「自立活動の指導」とは，「学校教育法」72条によると「～幼稚園，小学校，中学校又は高等学校に準ずる教育を施すとともに，障害による学習上又は生活上の困難を克服し自立を図るために必要な知識技能を授けることを目的とする」という条項の中の「障害による学習上または生活上の困難の改善克服」を受けて，特別支援学校の教育課程において特別に設けられた「領域」である。

　その目標は，学習指導要領（小学部・中学部）によれば「個々の児童又は生徒が自立を目指し，障害による学習上又は生活上の困難を主体的に改善・克服するために必要な知識，技能，態度及び習慣を養いもって心身の調和的発達の基盤を培う」（幼稚部，高等部の目標も内容的には同様）とされており，「障害に起因する困難の改善克服」がその中核であり，特別支援学校の教育課程において重要な位置を占めている。

　また，自立活動の指導は，特別支援学級や通級による指導においても，特別な教育課程を編成する場合には自立活動の内容を取り入れることとされており，その重要性は特別支援学校だけでなく，特別支援教育全般についていうことができるであろう。

　自立活動の指導の内容は，6つの区分とさらに具体的な26項目に示されている。6つの区分とは，「健康の保持」「心理的な安定」「人間関係の形成」「環境の把握」「身体の動き」「コミュニケーション」である。これら6つの区分の下にそれぞれ3～5の項目があり，合計して26項目となっている。留意しなくてはならないのは，これらの項目は，障害の改善克服のために必要な「要素」であり，直ちに「指導内容」となるものではなく，具体的に指導内容を設定する場合には，これらの「要素」を，個々の児童生徒の実態に合わせて，選択して相互に関連付けて指導することが重要とされている。

　また，指導の形態としては，目的が「障害の改善克服」であるので，子どもたちの学校生活すべてにかかわってくるため多様な形態をとっている。具体的には，教科の指導と同様に自立活動の時間を時間割の中に位置づけて指導（「時間における指導」），生活単元学習などと同様の「領域・教科を合わせた指導」，最後に自立活動の特色である「学校の教育活動全般における指導」である。

　実際の指導における留意点としては「時間における指導」を中核に「領域・教科を合わせた指導」や「学校の教育活動全般における指導」を有機的に関連付けて行うこととされている。

　つまり，自立活動の指導とは，「障害によって生じた困難」に直接に，多角的にアプローチ

していくものであるということができる。自閉症の子どもたちの「コミュニケーション力」の育成のための支援とは、まさに自閉症の障害特性にアプローチするものであり、教育課程上の位置づけとしては、自立活動の指導に当たると考えられる。

(2) コミュニケーション力を高める支援と自立活動の指導

　コミュニケーション力を高める支援をする際に、最初に考えるのは、「国語」という「教科」の学習であろう。事実、現行の学習指導要領においては「伝え合う力を養う」という文言があり、日常生活場面でのコミュニケーション能力の育成を重視している。しかし、「国語」という「教科」の学習として考えた場合、「教科」は教科としての独自性や文化性があるので、私たちの考える「ベース」としての「関係性」形成の支援を有効に行うことが難しい。また、コミュニケーション力とは、前述したように、授業の中だけで完結するものではなく、日常生活で活用されてこそ意味のあるものであるという「般化」の支援も充分にできない。そこで、「ツール」としての意思伝達方法の確立と「ベース」としての関係性の形成という2側面からコミュニケーション力を高める支援を行っていくために、「自立活動の指導」の有効的な活用を考えた。

　「自立活動の指導」は、前述したように「時間における指導」「領域・教科を合わせた指導」「学校の教育活動全般における指導」とさまざまな形態で指導を行うことができるので、そのねらいに応じてそれらの形態を組み合わせて、有機的に支援を行うことができる。つまり、自立活動の指導をうまく活用すれば、たとえば、「ベース」の確立のための「関係性」の形成の支援を自立活動の「時間における指導」で行い、「ツール」の支援を「国語＋自立活動」（領域・教科を合わせた指導）で行い、「般化」の支援を「学校の教育活動全般における指導」で行うなどねらいを達成するための手段を有機的に組み合わせることが可能となる。

　以上のような自立活動の指導を実践するためには、「ベース」や「ツール」の支援が自立活動の指導にどのように位置づけられるかを明確にしておく必要がある。

　まず、「ベース」としての関係性の形成の支援は、主として自立活動の指導の3区分「人間関係の形成」に当たる。

　次に、「ツール」としての意思伝達方法の確立の支援は、主として自立活動の指導の6区分「コミュニケーション」に当たる。

　そして、日常生活の中で実際に活用できる力の育成（般化）という側面が自立活動の指導の「学校生活全般における指導」に当たると考えた。

　以上のように自立活動の指導を活用して、「ベース」支援と「ツール」支援を主として自立活動の指導に当てはめて、個々の子どもたちの実態に応じて、指導内容を選定し、個別の指導計画を作成し、支援を実践することが有効であると考えた。

　こうした指導計画を作成する際には、指導内容や指導場面の具体化・明確化を図り、相互

に有機的に関連しながら支援できるように注意することが必要である。また，日常生活への般化という視点を取り入れ，授業中だけの評価ではなく，学校の生活全般を通じて，子どもたちの変化を見ていく視点を重視することが必要である。

3 指導の実際

(1) 授業実践にあたって

以上のような自閉症児のコミュニケーション支援と自立活動に関する整理を踏まえ，以下に実際の実践事例を紹介していきたい。

O男は，自閉症の診断があり，日常的に簡単な質問に答えることや簡単な指示を理解して行動できるが，感情をうまく表現できずに，不安やストレスを抱き，社会的に不適切な言動として表現することがある。会話に対する理解力・表現力の不足から，相手の言葉に対して必要以上に緊張したり，もどかしさを感じて不適切な言動へとつながっていると考えられる。

そこで，課題別学習の時間（国語・数学）に，自立活動のねらいも達成できるような授業づくりを行い，ツールの支援として，言語による表現力を高める実践を行った。また，ベースの支援として，自立活動の時間においてルールや役割のある対人的な関わりが必要とされる集団活動の場面を設定して指導することとした。

このように，ツールの支援とベースの支援の2側面から支援することで，良好なコミュニケーションと対人関係形成のための言葉を媒体とした手段に気付き，活用できることをねらって授業を展開した。O男の実態と指導計画は，以下の通りである。

表7-1 検査

太田ステージLDT-R	Ⅲ―2後期：概念形成の初期にあたり，一般の子どもの3歳～4歳半くらいに相応する。
S-M社会生活能力検査	CA（生活年齢）13―5　　SQ（社会生活年齢）48 SA（社会生活指数）6―5

表7-2 個別の指導計画

プロフィール	・簡単な質問に答えることができ，簡単な指示を理解して行動ができる。 ・テレビCMのフレーズなどは喜ぶが会話が一方的になりがちである。 ・促しや質問の答えに迷いがあると語気が荒くなることがある。 ・友だちとの会話の場面が少ない。 ・一斉指導の場面など，言語のみでの指示が入りにくいことがある。
長期目標	・自分の想いを言葉で周囲に伝え，良好な対人関係の形成を図ることができる。
自立活動	・自分の意思や想いを他者に伝えることができる。

表7-3　コミュニケーション支援のねらいと内容

場　面	ねらい	内　容
課題別学習（国語）	・動詞の活用（ツールの支援） ・リラックスした環境づくり（ベースの支援）	プリント，作文
時間における指導	・司会の役割を通した状況判断（ツール支援） ・主体的に楽しめる活動（ベース支援）	ゲーム

(2)　課題別学習（国語・数学を合わせた指導）での実践

　ここでのねらいは「簡単な動詞単語がわかり活用できる」「相手に意味や意図の伝わる正しい語調で発表ができる」とした。

　本生徒の日常生活は，1人で話しているときには，比較的複雑な構文を用いていることもあるが，対人的なやりとりの中では，2語文程度の表現となりがちであった。これは，「正しく答えなければならない」という意識からの緊張や不安のために気持ちに余裕がなくなるのだと考えられた。

　そこで，ツールの支援として，課題別学習（国語）における作文指導の中で，動詞の活用について学習を進めていく。2語文でありがちな主語＋述語動詞の構文から目的語等を含めた豊かな表現へと発展させるために動詞について注目したのである。たとえば自閉症児が，絵カードを見たとき，「○○　あった」「○○　いる」といった主格＋述語動詞がパターン化してしまうことがある。そのため，さまざまな動詞表現について学習し，目的語を含めた豊かな表現へと発展していくようツールの支援を実践する。

　ベースの支援としては，安心できる環境づくりのため，普段から関わりの多い信頼できる支援者が段階的な支援を行った。解答に不安になったときに信頼できる支援者が助けてくれる位置にいるという意識を高めることで，学習に対する過度の緊張をさせない環境をつくった。支援の際には，位置関係やタイミング，声の大きさなど言葉かけの仕方にも配慮した。授業の中では，プリント学習，作文を行った。

①　プリント学習

　本生徒は，小学校4年程度の漢字の読み書きができ，視写はある程度容易にできる。しかし，日記や作文となると，経験した事実のみをそのまま時系列で書いた短文を並べたものとなってしまいがちである。作文作成には，視写や聞き取りと違い，視覚・聴覚情報がなく，記憶などを情報にして取り組むため難しい。

　そこで，その移行段階として，視写をしながら文章を詳しく表現していく課題（資料7-1）と動詞の活用パターンの学習課題（資料7-2）を用意した。

　学習内容に見通しをもつと支援者への確認の言葉はあったが，ほぼ1人で学習を進めることができた。これらのプリントについては，朝の学習，宿題等でも補足した。

資料7-1　視写課題　　　　　　　資料7-2　動詞の活用パターン課題

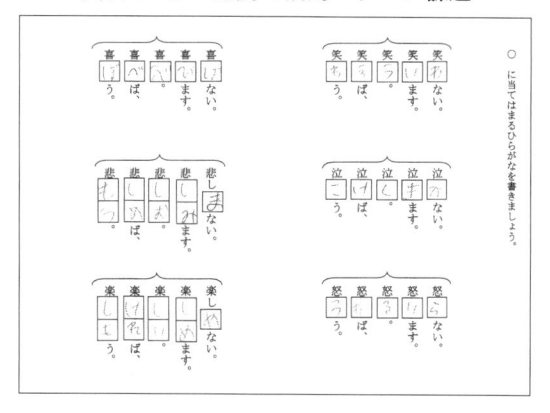

プリント学習により、視覚情報を生かして学習内容をパターン化してとらえながらスモールステップで作文作成のための基礎づくりを行い、次の学習内容へとつなげることができた。

② 作文

作文の場面では、まず作文の題材となる行事のVTRを観た。行事はとても好きなので、授業の導入段階で視聴することで、学習参加への意欲を高めることにもつながる。そして、VTRの一場面の写真について、気づいたことを短文にする活動を行った。

「いつ、どこで、誰が、何をした、どんな様子」を基本に写真から読み取れることを単語のみの表現ではなく、できるだけ詳しく、文章化して短冊に記入した。この場面ではT2が隣に位置し、段階的な支援を行うことで、「玄関前」→「玄関前でやりました。」→「プール棟の玄関前でやりました。」のように単語のみの記載から、徐々に詳しく記載することを意識するようになっていった。

そして、ホワイトボードの中央に活動を想起させる写真を掲示し、さらにその周りに状況を示すための項目を掲示した（資料7-3）。「いつ、どこで……」をカテゴリーごとに整理し、

資料7-3　ホワイトボードレイアウト

資料7-4　動詞活用の作文シート

> みんなで作った紙飛行機
>
> （12）月（11）日（木）曜日、いいとみタイムで紙飛行機を作りました。みんなで話し合って、紙飛行機を（作る）ことになったからです。私は、友達といっしょに紙飛行機を（作り）ました。よく飛ぶ紙飛行機が作れればいいなと思いました。
> とても良い天気だったので、その後、みんなで昇降口に行って紙飛行機を（飛ばし）ました。紙飛行機は、力を抜いて（飛ばす）と遠くまで飛ぶと教わりました。私は、紙飛行機を、遠くまで（飛ばそう）とがんばりました。
> みんなと誰が一番遠くまで飛ばせるか競争したり、とても楽しかったです。

友だちの短冊なども見合うことで、新たな意見を参考にしたり、作文作成のための情報を整理できた。

作文問題の場面では、一部の動詞が抜けた作文を提示し、動詞を活用させて穴埋めするワークシート（資料7-4）を使用した。

動詞の活用について事前にプリント学習をしてきたこともあり、文脈に沿って動詞を活用させ穴埋め問題に答えることができた。徐々に正答率を高めていったが、活用の種類としては、未然形への活用が難しかった。

未然形は、助動詞を添えて未来・推量・否定などを表す形で、日常的にも本生徒にとって使用頻度が低いと思われる。

作文を発表する場面では、過度の緊張や不安をやわらげるためにベース支援を基本とした。支援者が、落ち着いた口調でゆっくりと「優しく、ゆっくりと」と言葉かけをして、穏やかな語調で発表できるようにした。タイミングと言葉かけの仕方で、発表場面では穏やかな語調となっていった。ここでも普段から関わりの多い支援者が近くにいて緊張しない環境をつくることは、本生徒にとって必要以上の緊張を与えず、心理的に安定した中で活動に取り組めたようである。

（3）　時間における自立活動での支援

特設した自立活動の時間では、「言葉かけによる意図を理解して応じる」「自分の意思や考えを落ち着いて相手に伝えられる」ことをねらって6名の集団でかるたゲームに取り組んだ。

グループ編成については、個別の指導計画と本校作成の自立活動観点表から言葉によるコミュニケーションが主な課題である生徒によって編成した。どの生徒も簡単なルールのあるゲームを理解し、楽しむことができるメンバーである。この時間は、活動を楽しみ、心からやりたいと思う活動を通して、安定した関係性を形成するベース支援を行った。

生徒が興味をもって、主体的な活動をするためには、気持ちをかきたてる題材が必要である。また、物事に対して「正解しなくてはならない」「経験したことのない活動には自信がない」といった思いの強い生徒はたくさんいる。興味関心はあっても経験のないことに自分の中で壁をつくり、自信のなさを助長してしまっているのである。そのためにも主体的な活動の中で、「やってみよう」という意欲を高め、教師の支援や他者との関わりを成功体験として積み重ね、自信へとつなげるベース支援が必要と考えた。

第7章　自立活動を通してコミュニケーション力を高める

そこで，本生徒は学校行事を楽しみにし，休み時間にアルバムを見て過ごすこともあることから，校外学習等の行事の写真をA4サイズに印刷し，絵札として使用するかるたゲームをすることとした。

授業の中では，言葉を使って他者と関わる場面を多くするため，司会の役割を設定し，支援者からの言葉かけや友だちから話しかけられた場合に意図を正しく理解して，状況を判断し，落ち着いて受け答えができるように支援した。また，支援の方法として，①見守る，②状況を説明する，③次の行動を促す，④手本を示す，の段階的支援を行った。

かるたゲームの中で，本生徒の司会としての主な役割は表7-4の通りである。

表7-4　かるたゲームでの役割と予想される関わり場面

場　面	本生徒の言葉	予想される関わり場面
ゲームを始める	みなさんいいですか	始めるタイミングがわからない
参加者がスタートラインから出ていないか確認する	○○さんが線から出ています	線から出ていることに気づかない
獲得者が複数の場合	○○さんが速かった	獲得者の判断ができない
カード確認	○○さんお願いします	誰を指名したらよいかわからない

場面ごとにおける本生徒の語調について2・4・6時間の活動の様子をVTRで検証した。

非伝達行動（常同行動や独り言など他者に向けた伝達意図がない言動）は，授業回数を重ねるごとに減少している。経験による活動内容の理解が要因となっていると思われた。非伝達行動があった場面としては，他者同士がやりとりをしていて，本生徒は待っているときや授業後半で集中力が欠けてきたと思われる時間帯に多かった。

単元の序盤では，語調を荒げることのほうが多かったが，授業の回数を重ねるごとに語調が静かな回数が増加傾向にあった。

活動内容と授業環境に見通しをもてたことと活動中の役割に対する自信から段階的な支援も「手本」や「促し」ではなく「見守る」等，本生徒の力に任せた支援になっていく傾向にあった。

8時間扱いの本単元の学習活動を進めていくうちに，見通しをもち，促しを必要とする回数は減っていった。活動内容の理解については，常同行動などの非伝達行動の減少と状況に合った伝達行動の増加からわかるように，自分の役割を意識し，自主的に参加できるようになってきた（図7-1）。段階的支援についても回数を重ねるごとに見守るほうの比重

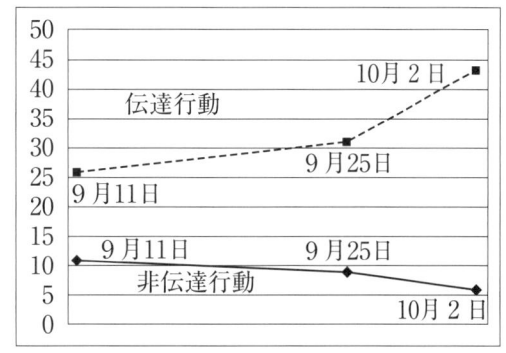

図7-1　伝達行動及び非伝達行動の回数

が高くなっている。

　本生徒は,「正しく答えなければならない」という意識が強く,発表場面や普段の応答でも緊張し,早口になったり,語調を荒げたりすることがある。そこで,ベース支援として「優しく,ゆっくりと」と言葉かけをしていきながら,適宜,手本を示すことで,語調も静かになっていった。この支援については,本生徒と支援者の言葉かけ・位置・距離・タイミング・雰囲気づくりで大きな変化が感じられた。

　本生徒にとって緊張の要因とならないように支援者は斜め後方に位置し,本生徒には聞こえる程度の小声でゆっくり言葉かけをした。言葉かけのタイミング・内容は段階的支援で行い,端的に話をした。本生徒にとって支援者が近くにいて,対応が難しい場面ではヒントをくれるという状況は,安心感を生み,相手に伝わりやすい語調・言語表現へとつながっていった。安心できる環境の中で,友だちからの決まった言葉かけ以外にも受け答えをし,自主的に活動を進めていく場面も増え,活動中の笑顔も増えていった。

(4) まとめ

　この実践において,コミュニケーション力を高める支援として「ベース支援」と「ツール支援」という2つの側面を,課題別学習（国語・数学を合わせた合科指導）の場面と自立活動を時間割に位置づけて行う「時間における指導」において,相互に関係づけながら支援を行ってきた。

　課題別学習の場面においては,主として「ツール支援」と位置づけ,日常のコミュニケーションの中で,使用することの多い「動詞」の学習を取り上げ,プリント学習と作文学習を中心に支援を行った。授業場面においても,動詞の活動に対する理解が図られ,文脈に応じて活用できたり,詳細な説明や豊かな表現ができるようになってきた。また,授業場面以外の日常生活場面でも,正しい動詞を使うことができるようになってくるなど般化が見られるようになってきた。

　「時間における指導」においては,主として「ベース支援」と位置づけ,「安心と信頼」の関係性の形成を図るための支援を中心に取り組んだ。「安心と信頼」の関係性の形成のためには,生徒の主体的な活動が重要である。周囲の人に自分から関わってみようという気持ちになるためには,自分がまず「やってみたい」と思うことが必要だからである。

　そこで今回は,生徒の興味関心の高い「ゲーム」という活動を取り上げ,生徒が主体的に活動できるようにした。そして,教師も一緒に活動に参加するというスタンスを取り,生徒と気持ちを共有しながら,「安心と信頼」の関係ができるように支援を行った。そのような「ベース支援」を丁寧に行っていく中で,成功経験を重ね,自信をもつことができたことが,授業場面で落ち着いて受け答えができるようになってきたことの背景にあるのではないかと考える。

今回の実践においては,「コミュニケーション力」を高めるためには,「ベース支援」と「ツール支援」の両面を交互に関連づけての支援が有効であるという考えをもとに実践を行ってきた。この実践において対象となった生徒は,「ツール支援」で行った動詞の使い方を日常生活で活用する場面（般化）が見られた。また，時間における自立活動の指導の場面では，丁寧な「ベース支援」を行うことで不適切な言語行動が減少し，適切な言語行動が増加している。これらの変化の背景には,「ベース支援」を行うことで支援者との間に「安心と信頼の関係性」の形成が図れ,「ツール支援」で身につけた力が実際の場面で活用できるようになってきたと言うことができるのではないかと考える。

【参考文献】

・新井英靖・茨城大学教育学部付属特別支援学校編著（2009）『障害特性に応じた指導と自立活動』黎明書房
・新井英靖・茨城大学教育学部付属特別支援学校編著（2009）『障害児の職業教育と作業学習』黎明書房
・横山浩之監修，大森修編（2004）『医学と教育との連携で生まれたグレーゾーンの子どもに対応した作文ワーク』明治図書出版
・岡本功・椎名幸由紀・宇野久美子・東條吉邦（2009）「自閉症スペクトラム児のトータルコミュニケーション」『日本特殊教育学会第47回発表論文集』p.559
・高橋浩平・新井英靖・小川英彦・広瀬信雄・湯浅恭正編著（2007）『特別支援教育の子ども理解と授業づくり』黎明書房
・小川英彦・新井英靖・高橋浩平・広瀬信雄・湯浅恭正編著（2007）『特別支援教育の授業を組み立てよう』黎明書房
・湯浅恭正・新井英靖・小川英彦・高橋浩平・広瀬信雄編著（2007）『特別支援教育のカリキュラム開発力を養おう』黎明書房
・西村章次（2004）『自閉症とコミュニケーション』ミネルヴァ書房

コラム② 夢を大事にする

　将来の夢がなかなか描きづらい時代だと言われます。不景気で，大量のフリーターが存在するような現代では，「夢のようなことを言っているんじゃない」「現実はそんな甘いモノじゃない」と言われそうです。それが障害のある子どもならなおさら，ということがあるでしょう。それでも，いやそれだからこそ，その子たちの夢を大事に扱ってあげたいと思うのです。

　右下のイラストを書いてくれた子は高等部3年の子です。彼女は，自分を表現する手段として絵にこだわりをもっており，専門書なども買いそろえていて，どこに行ってもすぐに描けるように道具を持っていっているそうです。将来はイラストレーターになりたい，また，自分のキャラクターをゲームにしてみたいとも思っているそうです。

　どんな仕事でも，仕事として行う以上，何かしら苦労はあります。「なりたい」と思うだけではなれないでしょう。才能や努力だって必要です。小学生の頃「プロ野球選手になりたい」と思った子が中学や高校に行き，自分よりはるかに優秀な選手を見て夢をあきらめるということも往々にしてあります。「イラストレーターになりたい」と言っても，「そう簡単にはなれないよ」ということが現実ではありましょう。でも夢があるから毎日の生活を頑張って過ごせる，ということもあるはずです。「夢に向かって努力する」ということもできるはずです。

　その意味でも，教員は子どもたちの夢を大事にすべきだと思うのです。プロ野球選手やオリンピック出場選手など，現実に夢をかなえた人たちからはよく「あきらめずにがんばってよかった」という言葉が聞かれます。小説家やミュージシャンなどのジャンルでは，かなり後になって花開くということもまれではありません。そう考えると，今自分が担任している子どもたちにも「夢を現実にする」可能性がまったくないとは言えないでしょう。

　子どもたちの可能性を最大限に伸ばすことが教員の務めならば，「子どもたちの夢を大事にする」ということがもっと強調されてもいいのではないでしょうか。

トピックス

第8章

自閉症児の授業づくりと授業研究

1　授業を（で）何とかしたい―自閉症児の困り感―

(1)「どうしたらいいの……？」学校で起こっている困り感

　楽しい授業を用意したはずなのに，自閉症のある児童生徒が教室から飛び出そうとしたり，活動に参加できずに泣いていたり……と，主体的に取り組むどころか授業が停滞してしまったということはないだろうか。その場の思いつきの支援や言葉かけが，ますます混乱を招き，児童生徒の授業参加・学習活動そのものが阻害されてしまったことはないだろうか。
　そんな児童生徒がいるとき，そんな授業になってしまったときこそ，授業研究として取り組むよいチャンスである。教師も「いったいどうしたらいいの？」，子どもも「どうしたらいいのかわからないよ！」と困り感を抱えたまま授業という名の時間をやり過ごす，そんな授業からの脱却を図りたい。
　ここでは，彼らの困り感を取り除きつつ，彼らの参加を促すためにはどのように授業づくりをしていけばよいのか，授業研究の進め方を例に考えてみよう。

(2)「バリア」を見つけて取り除こう―これが基本―

　教室に入れない，集団から逃げ出してしまう，泣いていて参加できない。それもこれも，自閉症のある児童生徒の目の前に「バリア」が立ちはだかっているから。何か不安があるのか，内容がわからなくて退屈なのか，刺激が辛くて仕方ないのか，授業への参加・活動を阻害するさまざまなこの「バリア」を取り除くことが，自閉症のある児童生徒（その他すべての学習者）への授業づくりの基本である。
　指導者全員で，指導者側からは見えにくい「バリア」を明らかにし，その「バリア」を取り除くための個に応じた支援を考え，支援を実現させるアイディアあふれた教材教具を用意し，児童生徒主体の授業を展開していく，これが自閉症をテーマにした授業づくりであり，彼らの参加・活動を促す有効な手立ての1つである。

2 授業をデザインしよう

　児童生徒の発達を意図的に方向づける授業づくりにおいて欠かせないのが指導案である。どのような道筋に何を配置し，誰がどう動くのかの用意周到な青写真を描いておかなければ，スムーズな授業展開はなかなか難しい。特に，T・T（ティーム・ティーチング）の授業ではT1の動きに対し，それぞれの教師がそれぞれの児童生徒に指導することもある。指導が同時・多重的になるほど，指導案による言語化・視覚化された共通理解は重要になってくる。流れてしまいがちな部分も指導案にすることで，立ち止まり，デザインが具現化・明確化され，より丁寧な授業づくりができる。授業のシナリオでありマップである指導案をもとに，授業研究を進めよう。

(1) 実践モデルを立てよう

　授業研究を行うときに「実践モデル」を立てて共通の指標にすることは，支援の手立ての的が絞りやすく，授業の方向性を検証する上でも重要なポイントである。
　では，どんな児童生徒を実践モデルとするのがよいだろうか。それは，より多くの困難，つまり「バリア」を抱えている，授業への参加・活動の最も難しい児童生徒である。その子に，参加したい，もっと活動したいと感じる魅力的な授業を提供できるなら，他のすべての児童生徒にとっても，学習・活動内容がわかりやすく，参加・活動の意欲をかき立てられる授業となるに違いない。

(2) アセスメントをしよう

　アセスメントとは，「個人の状態像を理解し，必要な支援を考えたり，将来の行動を予測したり，支援の成果を調べること」と言われている。
　児童生徒の状態像の理解には，標準化された検査も有効だが，生活や学習状況における行動観察やこれまでの指導経過，保護者からのプロフィールの聞き取り等が，支援のヒントとなることも多い。特に自閉症のある児童生徒の場合，その障害特性が，認知や行動に大きく影響していることを踏まえておかなければならない。アセスメントに際しては，個々人の障害特性についても的確に把握し，不得意な部分を補いつつ，その強みを生かすようにしたい。
　毎日の授業ごとでは難しいが，実践モデルの実態を多面的に分析し，求める状態像に近づくための支援の方法を検討・実践し，指導内容や支援の結果を検証するという，アセスメントの一連のプロセスを行うことが大切である。
　授業実践では，その一瞬一瞬のすべてがアセスメントであることを念頭に置いておきたい。アセスメント次第では，授業内容や課題，評価基準そのものを見直し変更すること（モディ

フィケーション）もあるかもしれない。しかし，もともと個別の指導目標に基づいた指導計画がなされている特別支援教育の場であれば，そして授業自体が他の児童生徒の実態にも即し指導目標や年間の指導計画の位置づけとしても十分に考慮されているものであるならば，支援の方法や環境調整に配慮して実践モデルのニーズに応えること（アコモデーション）で，授業はよりよいものに改善されるだろう。

(3) バリアを取り除こう

　国際生活機能分類（ICF）では，活動をする上での制限，参加をする上での制約を障害のある状態としている。自閉症の特性を個人因子，教室空間や学習課題を環境因子ととらえればどうだろう。授業づくりでは，その環境因子を調整して障害となるバリアを緩め，取り除き，参加や活動を促すようにしたい。こうした障害特性への支援を十分に検討し工夫することで，「バリアフリー」にするのである。

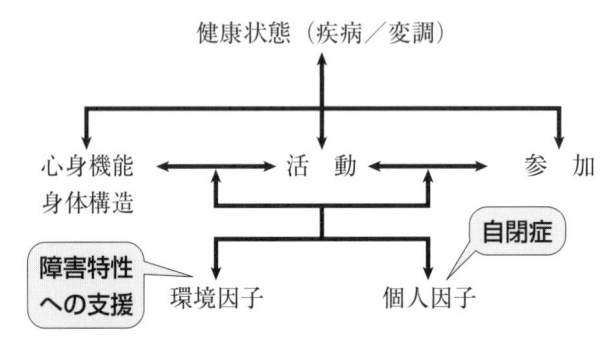

　では，どんな方法でアプローチをしていくか。学習における参加・活動の実態・状態像を把握し，ねらいとする参加・活動の姿を立て，活動への参加のバリアを取り除く方法をPhase1（物理的支援）・Phase2（認知的支援）・Phase3（社会情緒的支援）の3方向から考えてみよう。（Phase〈フェイズ〉という言葉は，応用行動分析にも用いられる用語だが，この研究実践の中では「段階」としてではなく，「側面」というとらえ方で用いている。）

　Phase1（物理的支援）は，物理的・空間的構造化による支援である。たとえば，視覚的情報が入りやすく集中して学習に取り組めない実態がある場合には，パーテーション等で情報を遮断したり必要な情報だけに注目できるようにしたりと刺激統制等の環境調整をすることで「バリア」を取り除く。これは，比較的簡単にできる支援である。

　Phase2（認知的支援）は，スケジュール等の時間や内容順序の構造化，視覚化されたコミュニケーションといった，より「解かる，伝わる」ための支援である。つまり，どこで・いつ・何を・いつまで・どのくらいの量を・どのように・終わったらどうするか，これは何である，何がどうである，というように認知面に働きかける。

　この支援ツールにはさまざまな方法があり，詳細なプログラムのためには，ある程度の専門的知識や技術，教材等の指導ツールが必要なものもある。しかし，大切なことは，理解し

Three Phase Approach
（支援アプローチ）

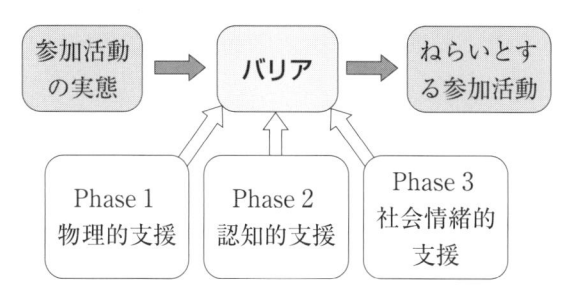

```
参加活動 ─→ バリア ─→ ねらいとす
の実態          ↑ ↑ ↑      る参加活動
         ┌──────┼──────┐
      Phase 1  Phase 2  Phase 3
      物理的支援 認知的支援 社会情緒的
                          支援
```

やすく実際に使えること。音声など聴覚的な認知だけでなく，手順表・スケジュール・写真・絵カード等の視覚的認知に働きかけるといった実態に合った支援ツールを用いて「バリア」を取り除く。

この支援は，自閉症のある児童生徒が主体的・能動的に動くための大きな助け・手掛かりとなり，彼らの「通常」と通常の「通常」との間にある溝が埋まることで，そこから来る困り感の軽減はかなり期待できる。が，いずれにせよ，それが自閉性の障害への万能薬とはなりえないこと，そこが終着点ではないことに留意したい。常に児童生徒の実態やニーズに即した方法を選択し，その先にあるものを考えながら指導したい。

Phase1 も Phase2 も検討し十分に支援をしているはずなのに，それでも学習への参加・活動が振るわない，あるいは，さらに積極的・意欲的な参加・活動を促したい，とねらいとする姿にいまだ近づいていない場合は，Phase3 のアプローチの工夫を考えよう。

Phase3（社会情緒的支援）は，自己意識，感情調整，活動の動機，共感性，人間関係の形成と維持等，個の社会性や情緒面に働きかける支援である。自閉症の大きな特徴である「人（自分）との関わり方・社会性の発達不全」に関わるアプローチである。この支援については，まさに個の内面を理解する，個の心情に寄り添う姿勢が必要であり，教師の指導姿勢が最も反映される支援である。

時には受容からのスタートであったり，折り合いがつけられるようになるまで指導者の根気が求められたりと，一朝一夕にはいかないかもしれない。しかし，この社会情緒的支援には，学習者と指導者が信頼でつながっているという素地が不可欠であることを考えれば，日頃からそのような関係づくりを大切にし，ぜひ支援に生かしたい。また，発達段階や学習集団の成熟度によっては，特定の友だちや子ども同士の学び合い・協同（協働）的な学習による支援も可能である。

いずれにせよ，子ども自身が「自分って案外素敵かもしれない，人って案外いい感じかもしれない，学ぶって案外楽しいかもしれない……」と感じ，参加したい，活動したい，学びたいと思う，自ら自己調整に移行するための情動面への重要なアプローチであり，教育活動の根幹に関わる支援と言える。

(4) T・Tを生かそう

特別支援学校では，そのほとんどの授業形態はT・Tである。指導者相互の発想が刺激となり，多様な活動を盛り込んだ大掛かりな集団での学習も組みやすい。また，分担された効率的な事前準備も可能であり，その中で個々に即した対応，子どもへの幅のある対応もできる。特に，多面的な視点での子どもの理解ができるという点は，実践モデルを立てて授業研究する上でも大変重要である。

指導案では，指導者一人ひとりの役割・立ち位置を明確にし，学習を阻む「バリア」への的確なアプローチを図りたい。もちろん，たとえ指導案から離れる可能性がある場合でも，T1（MT）以下，児童生徒の表情や授業の空気を感じ取り，場に応じて柔軟に対応する指導者としてのしなやかさも必要であることは言うまでもない。

3　さあ，指導案の実現！

まとめると，次のような指導案を軸とした授業研究のスパイラルが成り立つ。
① 指導案（実践モデルについて指導の共通理解を図る）
―指導案の実現（授業）―
② 記録（実践モデルや各児童生徒についての指導記録，写真・ビデオによる授業の様子や流れの記録）
③ 参観（他学部ブロック・外部助言者等による相互参観と授業評価）
④ 分析（相互参観による授業評価をもとにしたワークショップやビデオ等による授業反省，実践モデルの変容とその指導分析）
⑤ 授業改善（授業反省・指導分析をもとにした次時への授業案）

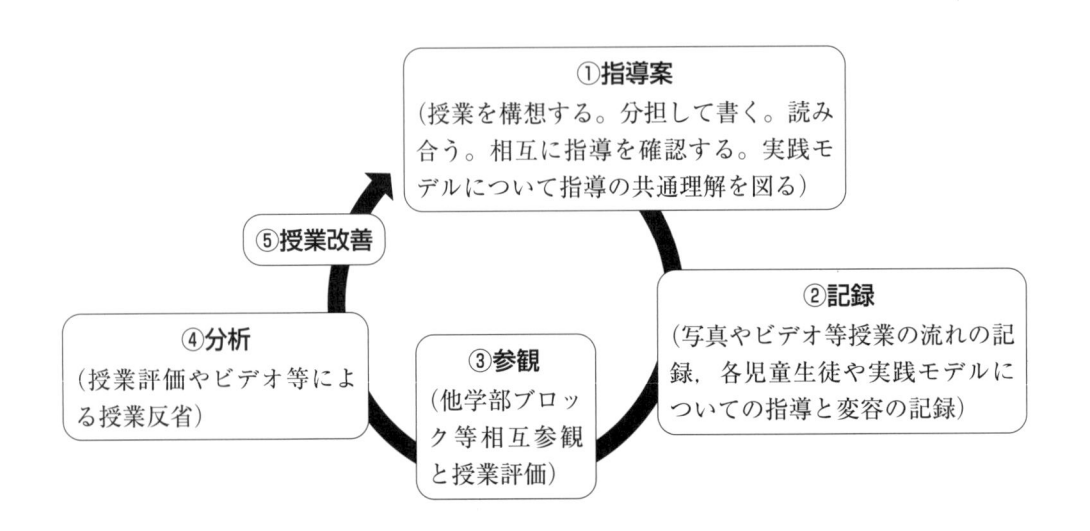

第8章　自閉症児の授業づくりと授業研究

指導案を軸とすることで，同僚（あるいは外部助言者）の評価による授業分析，学校全体としての組織学習レベルでの授業研究が，より計画的に行える。「同僚性（collegiality）」による学びの中には，教師同士の共同関係や援助の重要性があり，相互の力量向上の鍵でもある。客観的視野に実践モデルを置き，授業研究のスパイラルが上向きに進むようにしたい。

4　生活単元の研究授業

本校（茨城県日立市立日立養護学校）では，一人ひとりの障害の特性に応じた指導の研究を行っている。どの児童も参加できる授業の展開の1つとして，小学部生活単元学習「ダンダンランドへ行こう」の授業実践を紹介する。

「バリア：初めての場所，たくさんの人」にパニックと逃避のある3年生M子さん

＜授業について＞

　遊びを題材とする授業を展開するに当たって，活動が広がらない，活動に参加できない児童（特に自閉症のある児童）をどうするかということが課題でした。遊べない子どもたちが遊べるようにするためにはどうしたらよいのか，どのような授業・支援をすればよいのか。

　Phase1（物理的支援）　はじめに，学習環境を整えることを考えました。まず，場所を前年度までの多目的室から体育館へと変更し，ガヤガヤした雰囲気が苦手な聴覚過敏の児童に配慮しました。また，場所が広くなったことで，一人ひとりの活動する場所を保証することもでき，ダイナミックな活動を展開することができるようになりました。

多目的室　→　体育館

　次に，場の設定（遊び道具）では，自分の空間を確保するためパーテーションで区切ったり，段ボール箱は，くりぬきの形や光の入り具合に配慮したりして，好みの暗さや狭さを見

つけられるようにしました。さらに，児童のニーズに合わせながら，場の設定をダイナミックに変えていき，最終的には段ボールでできた遊園地へと発展させていくようにしました。まずはこのような環境調整，つまり物理的支援をしていきました。

Phase2（認知的支援） 次に，授業内容の検討です。学習内容を3段階で構成することにしました。第1段階は教室での素材遊び，第2段階は体育館での段ボール遊び，第3段階は体育館での遊園地ごっこ「ダンダンランド」です。

慣れた教室の小集団での遊びで十分に素材感を楽しむことから，他者の遊ぶ様子や新しい遊び道具への気付き，そしてワクワク感やドキドキ感のある「ダンダンランド」へと発展していくようにしました。また，子どもたちが「ダンダンランド」に遊びに行くという設定をし，キャラクター（段ボールのダンちゃん）と共に活動場所をつくることにしました。このように，学習活動にストーリー性をもたせ，一連の学習の流れをわかりやすくすることで，「ダンダンランド」での楽しい活動へとつながる認知的支援にしました。

子どもの興味がわく場の設定や安心して楽しく取り組める学習内容を設定することで，遊びの活動に参加できると考えました。授業を展開していくと，ほとんどの子どもたちは，「ダンダンランド」を十分に楽しみながら，ねらいとする個々の目標を達成していきました。

＜M子さんについて＞

しかし，Phase1（物理的支援），Phase2（認知的支援）の支援では，活動に参加することができない児童もいました。「初めての場所に抵抗が大きい」「たくさんの人がいると活動に参加できない」「逃避行動がある」それが，M子さんです。

Phase3（社会情緒的支援） まず，M子さんは不安感の強い児童であることから，この単元の間は同じ教師が継続して指導に当たることにしました。

はじめに，教室での素材遊びです。児童が登校する前に教室に大きな段ボールを用意しておきました。登校した児童は，興味を示し遊び始めました。M子さんは，その様子をジッと観察し，しばらくしてから興味を示し，近くの段ボールに入ることができました。このときは，段ボールに入りリラックスして過ごすことができました。

次の時間は，活動に広がりをもたせようと大小さまざまな段ボールを用意しました。しかし，新しい活動に不安を感じたのか，段ボールに促しても大声を出し嫌がるしぐさが見られたので，それ以上関わることを止め，友だちが遊んでいる様子を周りから見ているだけでいいことにしました。教室での活動では，友だちが遊んでいる様子を周りからジッとうかがっていましたが，その後，遊びの場に入ることはあまりありませんでした。ここでは，友だちが段ボールで遊ぶ様子をじっくりと見る段階とし，教師はM子さんの興味関心が高まるのを待つことにしました。

次に，体育館での段ボール遊びです。体育館では，他のクラス・学年の友だちが大勢いたことに驚きパニックになり，大声を出しながら壁沿いをウロウロするだけでした。そのため，落ち着くまでM子さんに寄り添い，表情やしぐさを見ながら，友だちがどんな活動をしているのか一緒に見るようにしました。しばらくすると，トンネルや大きな段ボールの周りをグルグルと歩き出し，様子をうかがい始めました。また，友だちがたくさんいたことで，不安になってしまったので，次からは，

少し早めに体育館へ行くことにしました。
　次の時間は，人も少なく静かなうちにスムーズに入ることができ，体育館の中央を走り回ったりトンネルを覗き込んだりすることができました。落ち着いているので，活動への誘いはせずに，リラックスして過ごせるように見守るようにしました。しばらくすると，1人でトンネルに入り座ったりくぐったりすることができるようになってきました。トンネルの周辺が安心する場所のようでした。

　体育館での活動も回数を重ねてくると，興味のある遊び道具が増えてきたようで，段ボール積みや段ボールの家で遊ぶ友だちの様子を見るようになってきました。

　また，M子さんは，体育館の入り口の扉が開いていることが気になります。そこで，気になる素振りが見られたら，教師はさりげなくM子さんから離れ扉を閉めるようにし，活動中の安心感やリラックスしている状態を維持できるようにしました。

　体育館での活動も回数を重ね，慣れてきたので，M子さんのペースを尊重しながらも少しずつ活動に誘うようにしました。この段階では，体育館の中で落ち着いて過ごせるよう教師は遊びへの過剰な誘いはせず，M子さんに寄り添いながら見守るようにしました。

　最後に「ダンダンランド」です。ランドになり，活動場所が増えたので，迷路に誘ってみました。迷路には，奥に小さな小部屋がありM子さんも安心できるだろうと考えたからです。教師も一緒に入り，しばらくして次の活動に移ろうと誘ってみると，「ここ」と言い，一緒にいてほしいことを要求してきました。M子さんにとって，安心できる場所，お気に入りの場所，自分の居場所を見つけた瞬間だったのかもしれません。この段階では，教師がM子さんに寄り添いながら一緒に遊ぶようにしました。その後，この教師と一緒なら，キャタピラ遊び，トンネル，家等で遊ぶことができ，遊びの広がりも出てきました。

このケースでの教師の支援のスタンスは,「待つ」「見守る」「寄り添う」である。教師が,教師の側と子どもの側を往復できる心構えをもつということである。子どもの意識の向いている先には段ボール（環境）があったが,そこにはいつも教師が寄り添っていた。

指導者が,「こっちにおいで」という,子どもたちを異世界に誘うのではなく,寄り添いながら異世界に一緒に入っていくこと。「今日はこのくらいかな？」「このくらいでいいか？」「今日は仕方ないかな？」等,子どもと折り合いを付けながら学習していくこと。また,「この先生と一緒なら……」「この先生が言っているのなら……」「この先生とやってみたいな……」と子どもが思えるような関係を築くこと。そこがポイントである。

つまり,M子さんが,安心感のもてる場所を見つけ,安心感のもてる人と,安心感のもてる遊びができたこと。M子さんなりの遊びにつながるまでが保障され,認められ,共感してもらい,その遊びの楽しさを自分以外の誰かと共有できたこと。それが,新しい世界に身を置くことができたという肯定的な自己イメージを「ダンダンランド」という授業を通して,M子さんの中に生んだのである。

5　終わりに―「守・破・離」―

以上,特別支援学校における社会情緒的支援を中心とした場所・物・人との関係づくりを構築する授業研究の紹介であったが,その姿勢は,通常学校の特別支援学級,グレーゾーンの児童生徒が在籍する通常学級,そして通常学級の児童生徒と,教育を受けるすべての子どもたちに対して共通したものであることをここで強調しておきたい。

定型発達の児童生徒は,大人だから,先生だから,学校だから,というすでに培われている社会的信頼によって,私たち指導者をほぼ無条件に受け入れてくれる。ところが,関係性や社会性の発達に障害のある子どもたちにとっては,すべてが一律ではない。今は,この場所は,この人は,と常にそれぞれのところから始めなければならない困難を抱えている。つまり,指導者は,そのような児童生徒個々の信頼を得ることなしには,その先にある教育活動へは全くもって進めないのである。その信頼を基盤とした安心感の中で,初めて自己表出,他者の受け入れ及び肯定的な自己認知,そして学びへの意欲をもった学習活動への参加が可能になると考える。特に,特別支援教育にあっては,意図された教育活動,つまり授業という小さな社会の中で子どもたちの自己実現を図ることは,自立への必要不可欠な第一歩であるに違いない。

自閉症をテーマにした授業研究にあたっては,もちろんさまざまな立場からの理論研究も重要かつ必要である。個々の障害特性には守るべきルールがあり,それを知ることなしに,やみくもに指導に当たることは,避けたい。しかし,大事なのは,枠組みや画一的なパターンではない。子どもに合わせて支援を盛り込んでいく教師の間口の広さ,教師の中に型はあ

るが中身は白紙という型崩し(あくまでも型崩れではない)、である。そして、子どもと対話を重ね、子どもの情動を揺さぶり、人として互いに心通わせながら、教師として社会での個に応じた自己実現を支援していく。こうした実践はまさに、「守・破・離」を大切にした指導であると言える。

　「守・破・離」とは、自分が「守られている」という実感をもちながら、安心した環境の中で「自分の殻を破る」。そして、「これまでしがみついていたものから離れ」て、新しい自分を見つけ出す。こうした指導を学校内でできるようにするために、今必要なことは、目の前に在る子どもたちについて意見を出し合うことだと考える。授業研究・実践については子どもの変容が一番の評価、すべてなのである。

　教育は、学習者の「人格」を尊重するところから始める教育でありたい。指導者として常に学びをくれる子どもたちに心から感謝しつつ、「人格」の完成に微力ながら寄与したい。

第9章

こだわり・パニックへの対応方法

1 こだわりへの対応方法

(1) 自閉症児のこだわり

　自閉症の子どもたちには，特定の物や人，行動や順番などにこだわりをもつという特徴が多く見られる。個々の子どもによってこだわりの対象や様相は異なるものの，そのこだわりにはいくつかの類似した傾向があることがわかる。自閉症児との関わりを深め，信頼関係を築いていくためには，自閉症児のこだわりとはどのようなものなのか，どんな特徴があるのか，ということを理解していくことが重要である。

　① 物，色，光や動きへのこだわり

　ある特定の物に固執したり，強い関心を示し，その物が目に入ると，別のことをしていても気になって手にとらずにはいられなくなったりする。関心のある物をじっと見つめていたり，その物が動く様子を繰り返し見たり，同じ物を見つけては集めたりする。具体例としては「ビニールの製品，ペットボトル，ティッシュペーパー，落ち葉，小枝などに興味をもち，手や口で感触を確かめたり，ひらひらさせて動きや，光沢を眺めたりする」「電話帳やカタログのページをめくって楽しむ」「ビー玉，ボールなどの球体を集めたり，転がしたりする」「いつも窓から見える木の葉が風に揺れるのを見ている」などである。

　また，ある特定の色に興味を示し，その色の物を集めたり，その色の洋服や靴でなければ身につけなかったりと，色に対するこだわりが強く見られる。具体例としては「必ず特定の色のおもちゃだけを選んで遊んだり，同じ色のブロックだけ選んで並べたりする」「身につけるものは全てピンク色でないと落ち着かない」などである。

　② 人へのこだわり

　この活動はこの人じゃないとできないというように，場面や状況に応じて関わる相手を限定するような特定の人へのこだわりがある。具体例としては「学校に行くのはお母さんと一緒，ブランコを押してもらうのはA先生と決めている」「特定の友だちに関心をもち，名前を呼んだり手をつないだりしたがる」「いつも学校にいない母親が授業参観で学校に来ると帰るように促す」などである。

③　衣服へのこだわり

　衣服の着方や着用の順番などにこだわりをもつことがある。具体例としては「長袖の服の袖は降ろしていないといけない」「衿の後ろのタグや靴下のたるみが気になる」「シャツのボタンは全てかけたり，上着はズボンの中に必ず入れたりする」「衣服が少しでも濡れると全部着がえる」「靴下を履いてからズボンを履き，次に上着を着るという順番を崩さない」などである。

④　好きなことへのこだわり

　興味のあるもの，好きなことには時間を忘れて熱中し，なかなか中断できない。好きなことへの関心が高く，種類や名称など細部まで記憶していることもある。具体例としては「戦隊シリーズのキャラクターや怪獣の名前を覚えたり，それらのおもちゃを集めたりする」「工事現場を通りかかると，ショベルカーやブルドーザーを見ていてその場を離れない」「電車の本や恐竜の本など同じ本をいつも見ている」「DVDの同じシーンを繰り返し見たり，気に入った曲や特定のフレーズを繰り返し聞いたりする」などである。

⑤　環境へのこだわり

　いつもと同じ環境であると安心するが，模様替えをしたり，いつもある物がその場にないと不安になったりする。具体例としては「4月に新しい教室に移動すると落ち着かず不安になる」「ハンガーの場所を動かすと，前に置いてあった場所に戻す」「暗い場所や不安な体験をした場所には近づかない」などである。

⑥　そろえること，並べること，閉めることへのこだわり

　物をそろえたり，規則正しく並べたり，ドアや窓が開いていると気になって閉めたりする。具体例としては「必ず靴のかかとの左右をそろえて靴箱に入れる」「玄関マットが斜めにずれていると，まっすぐに直す」「ミニカーを同じ色や形に分類して並べる」「並んだ机がずれていると，まっすぐにそろえようとする」「教室のドアを必ず閉める」などである。

⑦　日程や順番，手順へのこだわり

　学校の日課が予定通りだと安心したり，活動の順番や手順が決まっていたり，自分なりの筋道にこだわりをもつ。具体例としては「登校や下校の道順が同じだと安心する」「予定通りの日課だと安心するが，突然予定が変更になると混乱する」「登校すると必ず最初にトイレに行ってから教室に入る」などである。

　また，1番になることにこだわりをもち，1番になれなかったときには，活動をやめたり，ふてくされたり，怒ったりする。具体例としては「教室には1番に自分が入りたい」「自分が最初に指名されないと怒る」「ゲームや競争で1番になれないとわかるとやめてしまう」などである。

　これらのこだわりの行動は頻繁に繰り返し行われるため，他者からは奇異な行動として見

第9章　こだわり・パニックへの対応方法

られてしまうことが多い。しかし，自閉症の子どもたちにとっては，精神的に満たされたり，安定した状態になったりすることができ，本人にとっては意味のある行動であると言える。私たちも少なからず自分なりのこだわりをもっている。また，時間を忘れるほど集中して趣味の活動にはまってしまうこともある。「自閉症児だからこだわりがある」のではなく，人には誰にでも多かれ少なかれこだわりがあるということを認識した上で，自閉症児のこだわりに対して，その意味を探りながら共感的に向き合っていきたいと考える。

(2) こだわりへの対応

① こだわりを知る

私たちの趣味や興味が人それぞれに違うように，自閉症のこだわりにも個々によって違いがあり，また，こだわりの強さや現れ方，頻度も異なる。

「Aさんはとにかくこだわりが強くて，いつも何かにこだわっていて困る」と言われるような場合でも，24時間ずっとこだわりを続けているということはない。この子にはどんなこだわりがあるのか，どのような状態のとき，どのような環境のときに見られるのか，こだわりの行動はどれくらい続くのか，次の行動に移るきっかけはあるのかなど，日頃から子どもとじっくりと向き合い，その行動を観察していくことが大切である。

② こだわりを理解する

観察によりこだわりの状況を把握することによって，そのこだわりには本人にとってどのような意味があるのかということを理解していきたい。

行動には必ず本人にとってのプラスの意味がある。気持ちが落ち着く，安心する，心地良い，楽しい，など，何らかの意味があり，それは，本人の心を満たす行動であると認識したい。その点を踏まえた上で，日常生活や学校生活などにおいて，こだわりの行動が生活に支障をきたしている状況にあり，何らかの対応が必要なものなのか，あるいは，学校生活において授業や集団生活にそれほどの支障がないものなのか，また，特技や得意な能力として生かしていく方法があるのかなど，今後の対応の方向性について考えていく必要がある。

③ 具体的な対応方法を考える

特に生活に支障をきたすようなこだわりについては，何らかの具体的な対応が必要になってくる。その際，こだわりを全面的に否定したり，止めさせたりする，という方向での対応は避けるようにしたい。

こだわりの行動は本人にとって意味のある行動であり，心理的な安定が得られるものであるため，拙速な否定や禁止は，心的な不安やパニックを引き起こす可能性がある。こだわりを理解した上で，生活の中で上手に生かす方法を考えたり，時間や場所を決めるなどの工夫をしたり，他の行動や方法に切り替えたりするなど，本人が理解し，納得できるような，生活に支障をきたさないような具体的な対応方法を本人に提案して実施していきたい。次にそ

の例をいくつか示そう。

a　なかなか活動が終われない場合には

　こだわりの行動に集中していたり，何らかの活動の手順の途中だったりすると，次の行動になかなか移れないことが問題になる場合がある。特に学校生活においては，次の授業に遅れる，教室への移動ができないなど，対応に困るケースが多い。

〔対応方法〕

- 次の活動や場所を本人にわかりやすい方法で，言葉，カード，写真，イラストなどを使って伝える。
- 終わり（次の活動）の時間を伝える。時間がわかれば「何時何分になったら行くよ」，タイマーなどを使って「このベルが鳴ったら（針がゼロになったら）行こう」，回数を伝え「あと何回したら行こう」など，その行動の終了と次の活動の始まりを具体的なものを使って伝える。その際，「止めて」「おしまい」「だめ」などの禁止や中止を意味する言葉よりも，次の行動や活動を促す言葉を用いるようにしたい。「止めて」「おしまい」「だめ」などの言葉を聞くと，不安定になり，怒ったりパニックになる可能性が高くなる。
- 次回にできる時間や場所，手順を伝える。「続きは昼休みにしよう」「音楽の勉強をしたら，教室に戻って，またこれをしよう」など。

b　手順や順番へのこだわりに対して

　同じパターンの行動や日課，活動の手順や順番にこだわりがある場合，突然，予定が変更になったり，同じ行動がとれなくなったりしたときには不安定な状況になってしまう。

〔対応方法〕

- あらかじめ，予定の変更がわかっている場合には，事前にわかりやすく説明しておく。
- いつもと手順や順番が違う場合には，新しい手順を示すカードや順番の数字を提示する。

c　こだわりが強く，他のことが受け入れられない場合には

　特定の物や色などへのこだわりが強く，他のことが受け入れられず生活に支障をきたすような場合には，そのこだわりの軽減や，他のことも受け入れられるような支援が必要になってくる。

〔対応方法〕

> - 他の物にも興味がもてるように，少しずつ見せたり，経験させたりする。
> - 新しいこと受け入れた場合には，「やったね」「できたね」など共感したり賞賛したりする。
> - 徐々に量を増やしたり，時間を長くしたりしていく。

d　こだわりを生かすには

　並べたり，整理したりすることにこだわりがある場合など，学級の係として活躍できる場面を設けることで，集団の中で仲間からも認めてもらうことができる。
　〔対応方法〕

> - 机を並べることが得意であれば整頓係，ドアや窓を閉めることにこだわりがあれば戸締まりの係，草木に興味をもっていれば栽培係など，できそうな係活動や役割をまかせることで，自己有用感や満足感，達成感などを得ることができる。
> - 得意な事柄や知識などを学習活動に取り入れたり，発表する場面を設けたりすることで意欲的にその活動に参加することができ，他の仲間からも認められる状況をつくることができる。

e　危険な場合には

　興味のあるものを見たくて道路に飛び出しそうになったり，窓から身を乗り出して落ちそうになったり，割れたガラスに触りそうになったり，他者に危害が及びそうになったりなど，つい夢中になり危険な行動を取ってしまいそうになる場面もある。
　〔対応方法〕

> - 事故や怪我につながりそうな場面が予測されたときには，直ちに制止する。
> - 危険な理由を本人に伝える。
> - 安心してできる場所や他の方法などを伝える。

　このような危険な状況の場合には，迅速に，断固とした態度で対応する必要がある。本人が，同じような危険な状況を繰り返さないためにも，いけないということをはっきりとした態度で伝える必要がある。本人にとっては突然の禁止で混乱してしまうかもしれないが，禁止と同時に，安心してできる場所や他の方法などを伝えていくことで，やってもいい場所と，いけない場所の判断ができるように対応していきたい。

2　パニックへの対応方法

(1)　自閉症児のパニック

　突然，大きな声を出す，泣く，走り出す，物を投げる，自分の頭を叩く，自分の腕を噛む，人や物を叩く，蹴る，噛みつくなど，混乱したり，興奮したりしてこのようなパニックが現れる光景を目にすることがある。私たちには突然の出来事であり，何が起こったのか，原因がわからずに困惑し，どう対処していいのかもわからず，支援者もパニックになってしまうことがある。パニックとは，見通しがもてない，不安でどうしていいのかわからないなどの理由で混乱し，自分自身で解決ができないような状況に追い込まれたときの興奮状態における突発的な激しい行動であると考えられる。

　私たちも，心理的に追い込まれ，どう対処していいのかわからなくなってしまうとパニックになることがあるが，自閉症児のパニックにも，それを引き起こす原因は必ずある。その原因を理解することで，パニックを事前に防止したり，パニックになった状況を早めに静めたりしていけるような対応をしていくことが可能となる。こだわりと同じように24時間パニックを続けている子どもはいないので，冷静にその原因を考え，落ち着いて子どもと向き合いながら対応できるようにしたい。

〔原因の具体例〕

> ・予定の変更などいつもと違うことが起こった。
> ・これからの活動に見通しがもてなくなった。
> ・突然，大きな音が聞こえた。いやな音が聞こえた。
> ・以前経験して恐怖感を味わった場面と同じような状況になった。
> ・行動を禁止させられた。「終わり」「止めて」「だめ」などの言葉をかけられた。
> ・行きたくない場所に，強引に連れて行かれた。

(2)　パニックへの対応

①　パニックの原因を知る

　どうしてパニックになったのか。パニックの原因が何であったのかを理解することが重要である。パニックになる前の周囲の環境，場所，他者とのやりとりや関わっていたときの状況，活動内容，その日のこれからの予定，その日の体調など，さまざまな観点からパニックとなった原因を考える必要がある。

第9章　こだわり・パニックへの対応方法

②　パニックの状態を知る

　パニックになったときにはどのような行動をとるのか。その場で大きな声を出して泣くのか，その場から逃れようと外に飛び出すのか，自分の頭を叩いたり，腕を噛んだりという自傷行為があるのか，近くにいる他者を叩いたり，蹴ったりする他傷行為があるのか，その子がパニックになったときにどのような行動が現れるのかを観察し，理解しておく必要がある。

　また，どのくらいの時間でパニックが治まるのか。どこに行けば，何をすれば落ち着くことができるのかなどの状況も把握しておく必要がある。

③　パニックの前兆を知る

　パニックになる前には，何らかの前兆となる行動が見られることもある。落ち着きがなくなり手足を頻繁に動かし，そわそわしてくる。ひとりごとが多くなってくる。表情が険しくなる。舌打ちやまばたきが増えてくる。など，個々によって現れ方は異なるが，パニックの前にはこのような行動が観察できる。

④　パニックにならないようにすること

　パニックの原因がわかれば，パニックが起きないような対応を事前に準備しておくことができる。本人が混乱したり，不安になったりしないような手だてを講じておくことで，パニックを未然に防ぐことができる。

〔手だての例〕

- 予定や日課の変更で活動への見通しがもてず，不安になったときには，事前に本人にわかりやすい方法（スケジュール表，カード，順番の提示など）で伝えておく。
- 活動の終わりがわからず不安になるときには，タイマーを用いたり，「10回取り組んだら終わります」など，回数を提示したりする。
- 場所や活動内容が不安な場合は，事前に場所や内容を写真やビデオなどで伝え，安心できるようにする。
- 音に過敏な場合は，イヤーマフや耳栓などを使う。
- 教室に入れない場合には，窓から中を見る，少しずつ入り口に近づくなどの配慮をしながら本人の不安が解消した段階で入室を促す。
- 不安や混乱を誘発するような言葉かけ（「終わり」「だめ」などの禁止の言葉，「もうちょっと待って」「あと少しだよ」「まだだよ」などの終わりがわかりにくいあいまいな言葉など）は避け，見通しが具体的にもちやすい言葉（「○○をしたら，○○をしよう」「今日は10回やりましょう」「あと5分です」など）を使って説明する。
- パニックの前兆となる行動が現れたら，余計な言葉かけは避け，席を離れ落ち着ける場所に移動したり，不安や混乱が解消できるような手だてを，落ち着いた雰囲気をつくりながら伝えたりする。前兆となる行動が現れたときに，せき立てるような言葉か

> けや，行動の促しは，さらに子どもを追い込みパニックを誘発させてしまうことがあるので注意したい。

⑤ パニックになったときの対応

　いったんパニックの状態になってしまったときにはどのように対処したらいいのか。事前に観察し，把握したパニックの状態に応じた対応をしていきたい。

　パニックで興奮した状況の中では，声かけなどではなかなか納められない。やがては治まるものと考え，落ち着く状態になるまで寄り添うことを心がけたい。

〔手だての例〕

- 余計な言葉かけは控える。その言葉かけでさらにパニックを助長してしまうこともある。
- 支援者はあわてず，冷静に対処する。支援者も一緒にパニックにならないようにする。
- 落ち着ける場所が近くにある場合は，その場所に移動するように促す。
- 他者への暴力が予測される場合には，人から離す，危害を与えてしまわないように防御するなど，絶対に他者への行為が行われないようにしなくてはならない。もし，万が一，他者に手を出してしまったときには，その場で，その瞬間に，その行為は「いけない」ということを伝え，パニックの状態であっても，暴力的な行為にあっては厳しく対処することも必要である。
  このような他者への攻撃的な行為については，できるだけ幼児期の頃から，絶対にしてはいけないこととして理解させていく必要がある。他者に攻撃的な行為を行うことで，自分の要求が実現できる，というような経験をさせないように留意したい。まだ小さいから，親子だから，というような認識での攻撃性への許容は避けたい。
  パニック時に他害行為が見られるような場合には，落ち着いている状況のときに，人との関わり方や暴力などの禁止について，わかりやすく具体的に説明したり，マナーのきまりを設定してチェック票でできたかどうか確認するなどの手だてや，パニックになった際に，人から離れて落ち着くことができる方法を伝えるなどの支援をあらかじめ講じておく必要もある。
- 自分の体を叩いたり，噛んだりする自傷行為が激しく現れることもある。混乱した自分の気持ちを抑えるための行為であり，無理に制止しても，ますます激しくなることもあるので，気持ちに寄り添い，落ち着くまで待つようにする。自傷行為が激しい場合には，かかりつけの医師と相談したり，自傷行為の要因として日頃から自分への関心や関わりを求めているような状況が観察できる場合には，関わりや声かけを増やしていくような手だてを講じたりしていく必要がある。

第9章 こだわり・パニックへの対応方法

　不安や混乱を招く原因の1つとして、自分の気持ちや要求がうまく相手に伝えられないことが考えられる。相手が理解してくれない、わかってもらえないなどのストレスが大きくなるとパニックという形で現れることがある。

　日頃から自分の気持ちや要求を相手に伝え、理解してもらえる方法や手段を身につけておく必要がある。具体的には、言葉でしっかりと伝える、会話が難しい場合には、意思表示のできるカードやイラスト、写真、コミュニケーションボードなどを活用していくことが有効である。

3　まとめ

　自閉症児のこだわりやパニックの特徴と対応方法について述べてきたが、こだわりやパニックを単に目立つ行動や奇異な行動、対応する教師や支援者を困惑させる問題行動ととらえるのではなく、自分の気持ちを言葉などで上手に相手に伝えることのできない、コミュニケーションの苦手な自閉症児の思いや本人の特性を理解する上で大切なヒントを与えてくれる行動であるととらえたい。そして、子ども達との接し方、関わり方、学習のすすめ方を考えていく上で重要な手がかりを私たちに教えてくれるものでもある。

　一人ひとりの子どもに寄り添い、子どもの気持ちを共感的に理解しながら、個々の子どもに即したこだわりやパニックへの具体的な対応を図っていきたい。それぞれの子どものこだわりやパニックの意味を理解し、どうしたら安心して、見通しをもって、意欲的に、楽しく活動し、生活していくことができるのかを考え、個に応じた具体的な方法で実践していきたい。

おわりに

　養護学校（特別支援学校）が義務化されて30年が経ちました。義務化以前から現在まで，障害のある子に対して養護学校（特別支援学校）や「特殊学級」（特別支援学級）で行われてきた実践（その中には玉石混交があるにせよ）がたくさんあります。幾多の諸先輩方が，子どもたちと向き合って子どもたちとともに授業をつくってきました。

　ところで最近の特別支援教育の現場では「自閉症児の指導は障害の特性に応じて個別指導中心で行う」ことが当然のことのように語られています。自閉症児の場合，コミュニケーションをとることが難しいこと，知的障害の子どもたちを対象とした既存の枠組みでは教育の成果が上がらないということが教育現場を個別指導に向かわせた原因の1つであると考えます。

　しかし前掲した実践の中には当然のことながら自閉症児も含めて集団の中で子どもたちの力を伸ばしてきた優れた実践もあります。そうした優れた実践が，今の「個別指導中心」の流れの中で途絶えてしまうのではないか，という危機感を抱いています。

　学校現場において，やはり大事なのは授業だと思います。何より授業で子どもの力を伸ばす。そのことを抜きにして学校の価値は測れないと思うのですが，その「授業」を考える力が，学校現場ではどんどん弱くなっている，と思えてなりません。養護学校義務化前後の熱気ある「障害児教育」の中で実践してきたベテランの先生方が，次々に退職していきます。一方，どこの学校でも若手教員がどんどん入ってきています。必然的に若手教員の育成が課題になっています。教育委員会も研修の充実を進めています。また，それぞれの現場が今も努力していることは否定しませんが，しかし，なかなか育成まで手が回らない，というのが現実ではないでしょうか。

　私たち編者はそうした危機意識を共有しつつ，自閉症児の教育に注目がある今だからこそ，自閉症児も含めた集団での授業にこだわりたいと思いました。『自閉症児のコミュニケーション形成と授業づくり・学級づくり』というタイトルには，そのような思いが込められています。現場の先生方がこの本をきっかけに授業づくりに関心をもち，さらに授業づくりに力を入れてくださされば，編者としてこれ以上の喜びはありません。

　最後に，本書を含む姉妹本の企画趣旨に多くのご理解をいただき，出版の機会を与えてくださった株式会社黎明書房及び，編者・著者の意向を組み，コーディネーターの労をとってくださった編集部の都築康予さんに感謝申しあげます。

編者を代表して
高橋浩平

〈編者〉

新井英靖	茨城大学	（代表編者）
高橋浩平	東京都杉並区立桃井第一小学校	（副代表編者）
小川英彦	愛知教育大学	
広瀬信雄	山梨大学	
湯浅恭正	大阪市立大学	
吉田茂孝	高松大学	

〈執筆者〉

広瀬信雄	山梨大学	第1章
手塚知子	山梨大学特別支援教育特別専攻科	第1章
新井英靖	茨城大学	はじめに，第2章
吉田茂孝	高松大学	第3章
高橋浩平	東京都杉並区立桃井第一小学校	第4章，第5章，おわりに，コラム①・②
三村和子	茨城大学教育学部附属特別支援学校	第6章
遠藤貴則	茨城県立水戸飯富養護学校	第7章
成田祐司	茨城県立友部養護学校	第7章
高野 都	茨城県日立市立日立養護学校	第8章
手塚雅仁	山梨大学教育人間科学部附属特別支援学校	第9章

〈コラムイラスト提供者〉

柳橋真理・飛田皓次・鈴木颯介（茨城大学教育学部附属特別支援学校高等部）

※所属は刊行時のものです。

本文イラスト・水無宵クウカ，岡崎園子

自閉症児のコミュニケーション形成と授業づくり・学級づくり

2011年2月10日　初版発行

編　者	新井英靖他
発行者	武馬久仁裕
印　刷	株式会社　太洋社
製　本	株式会社　太洋社

発　行　所　　株式会社　黎明書房

〒460-0002　名古屋市中区丸の内3-6-27　EBSビル
☎052-962-3045　FAX052-951-9065　振替・00880-1-59001
〒101-0051　東京連絡所・千代田区神田神保町1-32-2
南部ビル302号　☎03-3268-3470

落丁本・乱丁本はお取替します。　　ISBN978-4-654-01672-3

Ⓒ H. Arai, K. Takahashi, H. Ogawa, N. Hirose, T. Yuasa & S. Yoshida
2011, Printed in Japan

特別支援教育の子ども理解と授業づくり ―授業づくりを「楽しく」始める教師になる B5／103頁　2200円	高橋浩平他編著／特別支援教育キャリアアップシリーズ①　障害・発達に関する知識と楽しい授業づくりの実践等。特別支援教育に第一歩を踏み出す教師のための本。
特別支援教育の授業を組み立てよう ―授業づくりを「豊かに」構想できる教師になる B5／100頁　2200円	小川英彦他編著／特別支援教育キャリアアップシリーズ②　授業設計，教材・教具の開発，障害特性を配慮した指導方法等を紹介。中堅教師のさらなる技量アップのための本。
特別支援教育のカリキュラム開発力を養おう ―授業を「深める」ことのできる教師になる B5／102頁　2200円	湯浅恭正他編著／特別支援教育キャリアアップシリーズ③　特別支援教育を10年以上経験し，カリキュラムの改善と開発を視野に入れて授業づくりを深めたいと思う教師のための本。
特別支援教育の実践力をアップする技とコツ68 四六／160頁　1600円	新井英靖・高橋浩平著　著者が経験から得た，「こだわる子どもの気持ちを揺さぶる」「教師が黒子になる」「最後は教師のひらめき」等，教壇に立つのが楽しくなる技やコツを紹介。
障害特性に応じた指導と自立活動 A5／167頁　2000円	新井英靖・茨城大学教育学部附属特別支援学校編著／新学習指導要領の実践展開①　障害別の自立活動のアセスメントから評価までを詳しく解説し，自立活動の実践ができるよう編集。
障害児の職業教育と作業学習 A5／168頁　2000円	新井英靖・茨城大学教育学部附属特別支援学校編著／新学習指導要領の実践展開②　卒業後の進路にあわせた職業教育や作業学習のあり方，支援方法等を具体的な事例を通して紹介。
高機能自閉症・アスペルガー障害・ADHD・LDの子のSSTの進め方 ―特別支援教育のためのソーシャルスキルトレーニング(SST) B5／151頁　2600円	田中和代・岩佐亜紀著　生活や学習に不適応を見せ，問題行動をとる子どもに社会性を育てる，ゲームや絵カードを使ったSSTの実際を詳しく紹介。ルールやマナーを学ぶSST／他
自閉症スペクトラムの子どものソーシャルスキルを育てるゲームと遊び ―先生と保護者のためのガイドブック B5／104頁　2200円	レイチェル・バレケット著　上田勢子訳　家庭，幼稚園，保育園，小学校で行える，人と上手に付き合っていくためのスキルを楽しく身につけるゲームや遊びを紹介。
自閉症への親の支援 ―TEACCH入門 A5／251頁　3000円	E.ショプラー編著　田川元康監訳　自閉症児・者との生活の中で生じる困難な事態に対処する，親とTEACCHスタッフの連携による実践事例を，その分析・解説とともに紹介。

表示価格は本体価格です。別途消費税がかかります。